BREHM

Fälle und Lösungen zum Allgemeinen Teil des BGB

Reihe
Studienprogramm Recht

Fälle und Lösungen zum Allgemeinen Teil des BGB

Dr. Wolfgang Brehm
o. Professor an der Universität Bayreuth (i. R.)

3., überarbeitete Auflage, 2011

Bibliografische Information der Deutschen Nationalbibliothek
Die Deutsche Nationalbibliothek verzeichnet diese Publikation
in der Deutschen Nationalbibliografie; detaillierte bibliografische
Daten sind im Internet über www.dnb.de abrufbar.

3. Auflage, 2011
ISBN 978-3-415-04712-9

Gesamtherstellung: Druckerei Laupp & Göbel, Talstraße 14, 72147 Nehren

Richard Boorberg Verlag GmbH & Co KG | Scharrstraße 2 | 70563 Stuttgart
Stuttgart | München | Hannover | Berlin | Weimar | Dresden
www.boorberg.de

Vorwort

Die Fälle und Lösungen zum Allgemeinen Teil sollen eine Hilfe bei der Wiederholung und Vertiefung des Stoffes sein. Im Vordergrund steht dabei die Übung, den systematisch erarbeiteten Rechtsstoff bei der Falllösung umzusetzen. Mit dem Übungsbuch wollte ich auf keinen Fall den verbreiteten und verhängnisvollen Irrtum fördern, das Studium des Rechts bestehe darin, zu lernen, wie man Klausuren schreibt. Es ist eine bedauerliche Fehlentwicklung, dass viele Studenten glauben, das Verständnis systematischer Zusammenhänge sei nicht so wichtig, entscheidend sei, dass man den Gutachtenstil, Aufbauschemata und die vermeintlich erwarteten Formulierungen beherrscht. Manche Kandidaten halten sich ängstlich an auswendig gelernte Gliederungen und bedienen sich stereotyper Wendungen, weil sie glauben, das wolle der Prüfer hören. Ich habe bei den Gutachten absichtlich die verbreiteten Floskeln vermieden.

Den Gutachten sind Besprechungen vorangestellt, die zeigen sollen, wie man sich an die Lösung eines Falles herantastet und zwar ohne ängstliche Beschränkung auf die sogenannte Gutachtenmethode, die keine Methode ist, sondern eher eine Darstellungsform. Die Gutachten und Lösungen sind Vorschläge und beanspruchen nicht, Patentlösungen zu sein.

Bayreuth, im April 2011 Wolfgang Brehm

Inhalt

Teil 1
Einführung in die Fallbearbeitung

I. Das Gutachten

In Klausuren und Hausarbeiten soll der Bearbeiter in der Regel einen Fall lösen. Fälle lösen auch Richter, wenn sie einen Rechtsstreit durch Urteil entscheiden. Für die Begründung des Urteils hat sich ein ganz bestimmter Stil eingebürgert: Das Ergebnis steht am Anfang, und die Begründung wird vom Ergebnis her geliefert. Im akademischen Unterricht wird eine andere Darstellungsform, ein *Gutachten*, verlangt. Die Untersuchung beginnt beim Gutachten mit einer These und schließt mit dem gefundenen Ergebnis ab. Dass Urteile und Gutachten verschiedenen Begründungsmethoden folgen, liegt daran, dass sie unterschiedlichen Zwecken dienen. Durch die Begründung des Urteils sollen die Parteien erfahren, auf welchen Erwägungen die Entscheidung beruht. Sie sollen nachvollziehen können, ob und wie sich das Gericht mit ihren Anliegen auseinandergesetzt hat. Dagegen hat das Gutachten den Zweck, eine Entscheidung vorzubereiten. Der Gutachter hat die Rolle eines Juristen, der wie der Berichterstatter eines Kollegialgerichts (Kammer oder Senat) für die Urteilsberatung einen Entscheidungsvorschlag ausarbeitet. Daraus ergibt sich eine unterschiedliche Darstellungsweise. Im Gutachten werden einzelne Thesen geprüft, die am Ende bestätigt oder verworfen werden. Gutachten sind notwendigerweise breiter angelegt als Urteile. Wenn mehrere Ansprüche in Betracht kommen, genügt es nicht, wenn nachgewiesen wird, dass ein Anspruch besteht. Es könnte durchaus sein, dass die übrigen Mitglieder des Senats anderer Ansicht sind und eine abweichende Begründung bevorzugen. Gutachterliche Überlegungen muss auch der Rechtsanwalt bei der Prüfung des Falles anstellen. Auch er hat alle denkbaren Anspruchsgrundlagen, Einwendung und Einreden zu bedenken.

II. Das Grundkonzept

Klausuraufgaben und Hausarbeiten enthalten einen Sachverhalt (Fall) und schließen mit einer **Fallfrage**, die mehr oder weniger präzise ist. So wird etwa geschildert, dass A dem B den Antrag zum Abschluss eines Kaufvertrags machte, den B irrtümlich annahm, weil er die Angaben über den Kaufpreis falsch verstanden hatte. Die Fallfrage könnte lauten: *Hat A einen Anspruch auf Zahlung des Kaufpreises?* Diese Frage ist auf eine **Rechtsfolge** gerichtet, die eintritt, wenn ein **Tatbestand** erfüllt ist, der diese Rechtsfolge anordnet. Der Bearbeiter hat daher einen oder mehrere Tatbestände zu prüfen, an die das Gesetz die in Frage stehende Rechtsfolge knüpft. Im Beispiel wäre § 433 BGB zu untersuchen, der voraussetzt, dass ein Kaufvertrag geschlossen wurde (Tatbestand) und die Verpflichtung zur Zahlung des Kaufpreises als Rechtsfolge enthält (§ 433 Abs. 2 BGB).

Ein einfacher Rechtssatz lässt sich mit folgender Grafik veranschaulichen:

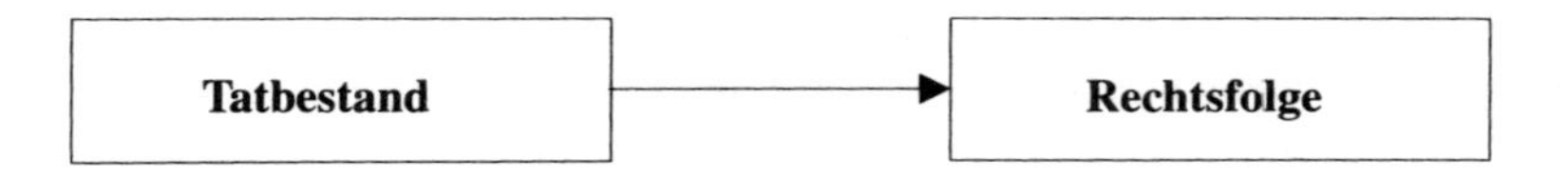

Das Gutachten beginnt mit der Fragestellung, die auf die Rechtsfolge bezogen ist:

*Der **Kaufpreisanspruch** des A gegen B besteht, wenn zwischen A und B ein wirksamer **Kaufvertrag** zustandegekommen ist:*

Aus den bisherigen Überlegungen lassen sich drei einfache Grundregeln für die Erstellung eines Gutachtens ableiten:

1. Untersuche die Fallfrage und bestimme die Rechtsfolge, nach der gefragt ist.
2. Suche die Norm, in der diese Rechtsfolge angeordnet ist.
3. Prüfe, ob die Tatbestandsvoraussetzungen dieser Norm vorliegen.

III. Der Tatbestand

1. Tatbestand und Anspruchsgrundlage

In vielen Anleitungen zur Fallbearbeitung wird gelehrt, ein Gutachten habe mit der Anspruchsgrundlage zu beginnen. Diese Anspruchsgrundlage ist nichts anderes als der Tatbestand, der den im Gutachten zu prüfenden Anspruch als Rechtsfolge erzeugt. Anspruchsgrundlage für den Kaufpreisanspruch ist im obigen Beispiel § 433 Abs. 2 BGB[1]. Diese Überlegung macht deutlich, dass die Regel, das Gutachten habe mit der Anspruchsgrundlage zu beginnen, im Grunde genommen ungenau ist. Sie trifft nur zu, wenn im Gutachten Ansprüche zu prüfen sind. Das ist zwar die Regel, aber Gegenstand der Prüfung können auch andere Rechtsfolgen sein, z. B., ob ein Anfechtungsrecht besteht, ob jemand Eigentümer einer Sache geworden ist usw. Selbst ein Gutachten, das einen Prozess vorbereiten soll, muss nicht notwendigerweise das Bestehen eines Anspruchs erörtern, weil die Klage auch auf die Feststellung eines Rechtsverhältnisses gerichtet sein kann (§ 256 ZPO).

2. Tatbestand und Voraussetzungen der Rechtsfolge

Bei einer einfachen Rechtsnorm sind alle Voraussetzungen der Rechtsfolge als Tatbestandsmerkmale im Tatbestand enthalten. In der Regel sind die Rechtssätze aber komplizierter aufgebaut. Bei vielen Tatbestandsmerkmalen muss man bei der Prüfung weitere Normen heranziehen. So wird etwa in § 280 Abs. 1 Satz 2 BGB bestimmt, dass der Schuldner keinen Schadensersatz wegen Pflichtverletzung zu leisten hat, wenn er die Pflichtverletzung nicht zu vertreten hat. Was der Schuldner zu vertreten hat, bestimmt für den Regelfall § 276 BGB. Ein weiteres Beispiel ist § 108 Abs. 1 BGB. Danach ist ein Vertrag, den der Minderjährige ohne die *erforderliche Einwilligung* des gesetzlichen Vertreters vornimmt, schwebend unwirksam. Wann die Einwilligung erforderlich ist, ergibt sich nicht aus § 108 BGB, sondern aus § 107 BGB, der bestimmt, dass der Minderjährige zu einer Willenserklärung, durch die er nicht lediglich einen rechtlichen Vorteil erlangt, der Einwilligung des *gesetzlichen Vertreters* bedarf. § 108 BGB wird durch § 107 BGB ergänzt; denn das Tatbestandsmerkmal »ohne die erforderliche Einwilligung« wird durch § 107 BGB näher ausgefüllt. Wer gesetzlicher Vertreter ist, ergibt sich aus § 1629 Abs. 1 Satz 1 BGB.

Die beiden Beispiele zeigen, wie die Rechtsnormen aufeinander bezogen und verschachtelt sind. Eine Anleitung zur Falllösung kann auf diesen Umstand und die Gesetzestechnik nur aufmerksam machen. Um zu verstehen, wie die Gesetzesnormen zusammenspielen, muss man sich intensiv mit dem jeweiligen Rechtsgebiet befassen.

---

1 Eigentlich ist es der Vertrag als Tatbestand, denn § 433 BGB gibt eine Typenbeschreibung des Kaufvertrags.

IV. Die historische Methode

Dem Gutachtenstil, bei dem die Erörterung mit der Anspruchsgrundlage (genauer: Rechtsfolge) beginnt, wird manchmal die *historische Methode* gegenübergestellt. Dabei wird geprüft, wie sich die Rechtslage in der Zeit entwickelt hat. Die historische Methode ist von großem Nutzen bei den Vorüberlegungen, die man anstellt, um die Rechtsprobleme einzugrenzen. Vor allem, wenn es auf die dingliche Rechtslage oder die Inhaberschaft eines Rechts ankommt, das abgetreten wurde, ist es zweckmäßig, die Rechtslage chronologisch zu prüfen.

Der Gutachtenstil wird von manchen »Anspruchsmethode« genannt. Die Anspruchsmethode ist aber eher eine Darstellungsweise und weniger ein methodisches Prinzip. Man sollte deshalb auf den Vorteil der historischen Methode bei den Vorüberlegungen nicht verzichten. Erst die Niederschrift des Gutachtens muss die Fallfrage (Rechtsfolge) zum Ausgang nehmen und in allen Punkten darauf bezogen sein.

V. Weitere Hilfsmittel

1. Fallskizze

Die historische Methode ist eine Strategie, den Fall juristisch in den Griff zu bekommen. Daneben sollte man sich weiterer Hilfsmittel bedienen. Vor allem, wenn mehrere Personen beteiligt sind, empfiehlt es sich, eine Fallskizze anzufertigen, um die Rechtsbeziehungen darzustellen. Dabei sollte man einheitliche grafische Symbole verwenden, damit man die Fallstruktur mit einem Blick erfassen kann. Die einzelnen Elemente dieser Zeichensprache sollten so beschaffen sein, dass sich der Fall auch rechtlich strukturieren lässt. Das kann z. B. dadurch erreicht werden, dass das Verpflichtungsgeschäft und das Verfügungsgeschäft durch unterschiedliche Symbole dargestellt werden. Bewährt haben sich folgende Symbole:[2]

- - - - - - - - (gestrichelte Linie)	Kausalvertrag
——————— (durchgezogene Linie)	Verfügungsgeschäft
———————> (Pfeil)	Anspruch

2 Sie wurden von *Gernhuber* in seiner Vorlesung verwendet.

Beispiel: V verkauft und übereignet an K ein Fahrrad. Den Kaufpreis tritt V an X ab. K zahlt an X, nachdem er von der Abtretung Kenntnis erlangt hat.

Dieser Sachverhalt lässt sich durch folgende Skizze darstellen:

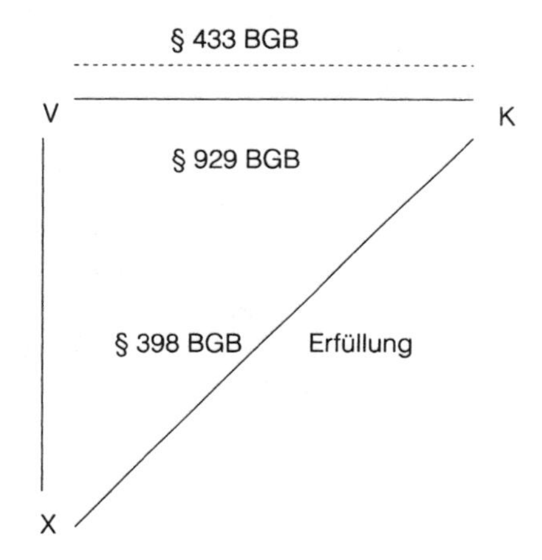

2. Zeitplan

Für die Rechtslage ist es manchmal ganz entscheidend, in welcher Reihenfolge sich die Ereignisse zugetragen haben. Deshalb sollte man sich bei umfangreicheren Sachverhalten einen Zeitplan anfertigen:

1. 2. 2001	Kaufvertrag
2. 3. 2001	Kenntnis von der Täuschung
31. 1. 2002	Schreiben des Käufers mit einer Anfechtungserklärung

usw.

Zeitpläne sind nicht nur bei Klausuren mit umfangreichem Sachverhalt hilfreich; sie sind auch bei der praktischen Arbeit des Richters oder Anwalts von nicht zu unterschätzendem Wert.

VI. Zur Abfassung des Gutachtens

1. Keine überflüssigen Ausführungen

Ein Gutachten soll eine Antwort auf die gestellte Frage (oder Fragen) geben. Alle Ausführungen, die zur Lösung des Falles nichts beitragen, sollten vermieden werden. Auf keinen Fall sollte exkursartig gelerntes Wissen ausgebreitet werden. Der Leser des Gutachtens wird verärgert, wenn er nach seitenlanger Lektüre erfährt, dass die Ausführungen unerheblich sind. Mancher Verstoß gegen diesen Grundsatz resultiert aus einem Rollenkonflikt, in dem sich Studenten wähnen: Es wird einerseits erwartet, dass die Fallfrage geradlinig und ohne Schnörkel beantwortet wird, andererseits werden Klausuren in einer Prüfungssituation geschrieben, und in Prüfungen soll man zeigen, was man weiß. Aber in dieses Dilemma geraten nur Kandidaten, die den Gegenstand der Prüfung nur halb verstanden haben. Geprüft wird immer auch, ob der Student die Fähigkeit besitzt, Erhebliches von Unerheblichem zu scheiden.

2. Keine Trivialitäten

Der Verfasser eines Gutachtens muss sich auf die problematischen Punkte konzentrieren; er darf keine Selbstverständlichkeiten ausbreiten. So wäre es verfehlt, bei der Prüfung eines Anspruchs einer natürlichen Person darzulegen, dass diese rechtsfähig ist. Ein Gutachten, welches die Frage aufwirft, ob eine natürliche Person Träger von Rechten und Pflichten sein kann, befasst sich sachlich mit der Frage, ob unser Recht Sklaven kennt. Besonders bei prozessualen Klausuren glauben viele Kandidaten, man müsse selbst bei natürlichen Personen die Parteifähigkeit prüfen, die der Rechtsfähigkeit entspricht. Man stelle sich einen Anwalt vor, der seinem ratsuchenden Mandanten zunächst versichert, dass dieser im Gegensatz zu einem Tier oder einem Sklaven grundsätzlich die Fähigkeit besitze, Inhaber eines Rechts zu sein.

In einer Examensarbeit, die im Jahre 1995 in Bayern gestellt wurde, ging es um Probleme, die durch die Verpfändung einer Uhr ausgelöst wurden. Beim Pfandrecht an Sachen ist die grundlegende Unterscheidung zwischen beweglichen und unbeweglichen Sachen zu beachten. Das Pfandrecht an beweglichen Sachen ist in §§ 1204 ff. BGB geregelt, während die Vorschriften über die Grundpfandrechte im Immobiliarsachenrecht zu suchen sind. Viele Kandidaten waren offenbar der Meinung, das Gutachten müsse auf die Unterscheidung zwischen beweglichen und unbeweglichen Sachen eingehen. So konnte man lesen: »Fraglich ist, ob die Uhr eine bewegliche Sache ist«. Vor dem Hintergrund der Einteilung der Sachen könnte man dies durch Nennung der Alternativen genauer formulieren: »Fraglich ist, ob Uhren bewegliche Sachen oder Grundstücke sind.« Es ist sicher richtig, dass gewöhnliche Uhren nicht Teil der Erdoberfläche sind und auch nicht im Grundbuch eingetragen werden. Trotzdem besteht kein Grund, dem Leser des Gutachtens weiszumachen, die Einordnung der Uhren sei ein schwieriges Problem.

3. Sachverhaltsvorgaben

Manchmal wird im Sachverhalt ein bestimmtes Ergebnis vorgegeben. Eine solche Vorgabe könnte lauten »V verkauft am 10. 10. K ein Fahrrad«. Wenn über den Vorgang des Kaufes keine weiteren Angaben im Sachverhalt zu finden sind, ist es überflüssig, den Kaufvertrag zu prüfen (»fraglich ist, ob zwischen V und K ein Kaufvertrag zustandegekommen ist«). Wo der Sachverhalt keine subsumtionsfähigen Tatsachen enthält, erübrigt sich eine Prüfung; man sollte das im Sachverhalt mitgeteilte Ergebnis einfach übernehmen.

4. Modularer Aufbau

Schon bei den Vorüberlegungen empfiehlt es sich, die einzelnen Ansprüche getrennt zu prüfen. Das gleiche gilt, wenn mehrere Personen beteiligt sind. Das heißt nicht, dass man sich während der Prüfung eines Komplexes ein Denkverbot auferlegt. Ob man bei der Lösung des Falles insgesamt zu einem vernünftigen Ergebnis kommt, hängt manchmal davon ab, ob Regressansprüche gegen andere Personen bestehen. Bei der Niederschrift des Gutachtens sollten die Ansprüche und Personen dennoch streng getrennt werden.

5. Verschachtelungen vermeiden

Der Aufbau des Gutachtens ist so zu wählen, dass Verschachtelungen vermieden werden, weil sie die Lektüre erschweren und zudem für den Verfasser die Gefahr heraufbeschwören, den Faden zu verlieren.

6. Entstehungstatbestand und Einwendung

Man unterscheidet Rechtsnormen, die eine Rechtsposition begründen (Entstehungstatbestand) und Normen, die den Verlust, Untergang oder Ausschluss der Rechtsfolge anordnen (Einwendung). Beim Gutachten empfiehlt es sich, zunächst den Entstehungstatbestand zu prüfen und dann die Einwendungen, die in Frage kommen. Damit ist nur die Gliederung der Ausführungen angesprochen. Wie umfangreich die einzelnen Gliederungspunkte abzuhandeln sind, ist damit noch nicht entschieden. Es ist denkbar, dass die Entstehung eines Rechts im Sachverhalt vorgegeben ist und nur das Erlöschen problematisch ist. Dann wird man sich mit der Feststellung begnügen, dass das Recht nach dem Sachverhalt gegeben war und die Ausführungen auf die Frage konzentrieren, ob ein Erlöschenstatbestand vorliegt.

7. Die Reihenfolge der Anspruchsgrundlagen

In welcher Reihenfolge die Anspruchsgrundlagen geprüft werden, ist eine Frage der Zweckmäßigkeit. Um Verschachtelungen und überflüssige Ausführungen zu vermeiden, hat sich folgende Regel eingebürgert:

a) Vertragliche Ansprüche
b) Quasiverträgliche Ansprüche (§§ 280 Abs. 1, 311 Abs. 2 BGB)
c) Ansprüche aus einer gesetzlichen Sonderverbindung wie GoA[3]
d) Dingliche Ansprüche (z. B. § 985 BGB)
e) Deliktische Ansprüche (einschließlich Gefährdungshaftung)
f) Bereicherungsrechtliche Ansprüche.

Man sollte diese Empfehlung nicht wie ein Ritual befolgen. Die Abfassung eines Gutachtens ist kein juristisches »Rosenkranzbeten«. Deshalb ist es verfehlt, das Gutachten auch dann mit vertraglichen Ansprüchen zu beginnen, wenn derartige Ansprüche ersichtlich nicht vorliegen. Man muss sich stets vor Augen halten, dass der Aufbau des Gutachtens eine Zweckmäßigkeitsfrage ist. Wo Korrekturbemerkungen den Aufbau rügen, liegen meist sachliche Fehler vor; es geht nicht allein um die Reihenfolge, in der einzelne Punkte dargelegt werden[4]. Es gibt für den Aufbau im übrigen keine

---

3 Geschäftsführung ohne Auftrag, §§ 677 ff. BGB.

4 Wenn ein Verfasser nach der Feststellung eines Inhaltsirrtums die Willenserklärung auslegt, liegt nicht ein formaler Aufbaufehler vor. Dieser Aufbau zeigt, dass der Kandidat gar nicht bemerkt hat, dass schon bei der Feststellung des Inhaltsirrtums der Inhalt der Willenserklärung durch Auslegung zu ermitteln war.

Patentlösung. Studenten, die sich bei einer Arbeit ängstlich fragen, ob auch alle Aufbauregeln beachtet wurden, haben eine von Grund auf falsche Einstellung zu ihrem Geschäft. Ein Jurist muss den Mut haben, sich seines eigenen Verstandes zu bedienen.

8. Die äußere Form

Das Gutachten sollte eine klare Gliederung aufweisen, die auch äußerlich in Erscheinung treten muss. Es sind Überschriften zu verwenden mit Gliederungsziffern oder Buchstaben, damit der Text leichter zu lesen ist. Gliederungspunkte und Überschriften haben aber nicht nur Bedeutung für den Leser, sondern auch für den Verfasser des Gutachtens. Die Überschrift ist eine gute Kontrolle für die Gedankenführung. Ausführungen, die von der Überschrift nicht gedeckt sind, haben vermutlich an der betreffenden Stelle nichts zu suchen.

Teil 2
Fälle mit Besprechung und Gutachten

Fall 1 [Der Unterschriftstest]

Rechtsanwalt R unterschreibt regelmäßig abends um 18.00 Uhr die Post. Die Sekretärinnen legen ihm die Akten mit den zu unterzeichnenden Schriftstücken auf den Tisch. Die Referendarin Z will testen, ob R tatsächlich liest, was er unterschreibt. Deshalb legt sie ein Bestellformular der Frauenzeitschrift »Helena« in die Akte. R unterzeichnet das Bestellformular, ohne den Inhalt zur Kenntnis zu nehmen. Er meint, es handle sich um Gerichtspost. Die Bestellung wird mit der übrigen Gerichtspost weggeschickt und vom Verlag zwei Wochen später bestätigt. R stellt sich in einem Brief an den Verlag auf den Standpunkt, er habe keinen Vertrag über die Zeitschrift »Helena« geschlossen, falls er einen Vertrag geschlossen habe, sei dieser unwirksam, falls der Vertrag doch wirksam sei, fechte er an, weil ihm das Bestellformular untergeschoben worden sei.

1. *Was halten Sie von der Rechtsansicht des R?*
2. *Hat R wirksam angefochten?*

Lösungshinweis: § 505 BGB soll bei der Lösung des Falles außer acht bleiben.

I. Vorüberlegungen

1. Die Fallfrage

Wie immer muss man sorgfältig die Fallfrage untersuchen. Hier ist nicht nach einem Anspruch gefragt, vielmehr ist die im Sachverhalt mitgeteilte Rechtsansicht des R zu würdigen. Bei genauer Betrachtung vertritt R nicht eine, sondern mehrere Ansichten. Wenn im Sachverhalt Rechtsansichten mitgeteilt werden, dann soll dies dem Bearbeiter einen Hinweis auf die zu prüfenden Fragen geben.

In erster Linie stellt sich R auf den Standpunkt, er habe keinen Vertrag geschlossen, hilfsweise vertritt R den Standpunkt, der Vertrag sei unwirksam. Die Fallfrage ist absichtlich so gestellt, dass erkennbar wird, ob der Bearbeiter ein Grundverständnis mitbringt. Wer sich mit dem Stoff nicht gründlich beschäftigt, sondern nur Aufbauschemata auswendig gelernt hat, wird bei diesem Fall noch nicht einmal die Fragestellung richtig verstehen.

Wenn ein Vertragsschluss zu prüfen ist, muss man zwei Fragen auseinanderhalten: (1) Liegt der Vertrag als rechtsgeschäftlicher Tatbestand vor? (2) Ist der Vertrag (falls er zustandekam) wirksam? Auch der nichtige Vertrag ist ein Vertrag[1]. Auf dieser Unterscheidung baut die Fragestellung auf. Zunächst ist zu untersuchen, ob der Tatbestand des Vertrags vorliegt; dann sind etwaige Unwirksamkeitsgründe zu untersuchen.

2. Der Vertragsschluss

Der Vertragsschluss setzt zwei korrespondierende Willenserklärungen voraus, die bei Distanzgeschäften Angebot (Antrag) und Annahme genannt werden. Zu prüfen ist bei der ersten Frage, ob diese Willenserklärungen vorliegen. Dabei bleiben Gründe der Nichtigkeit oder Anfechtbarkeit außer Betracht. Entscheidend ist nur, ob die Mindestvoraussetzungen für die Willenserklärungen vorliegen.

Problematisch ist nur die »Bestellung«, das Angebot des R. Er wusste nämlich gar nicht, dass er ein Bestellformular unterschreibt. Die Frage ist, wie dieser Irrtum einzuordnen ist. Fehlte das Erklärungsbewusstsein oder handelt es sich nur um einen Inhaltsirrtum? Wenn einem Erklärenden das Erklärungsbewusstsein fehlt, weiß er nicht, dass überhaupt eine rechtsgeschäftlich relevante Erklärung abgegeben wurde[2]. Das ist etwa der Fall, wenn jemand eine Ansichtskarte unterschreibt, in der Meinung, er versende schöne Urlaubsgrüße, während in Wirklichkeit die Karte ein Vertragsangebot oder eine Kündigung enthält. Beim Inhaltsirrtum weiß der Erklärende, dass er eine rechtsgeschäftliche Erklärung abgibt, er irrt sich nur über den konkreten Inhalt. Versendet jemand ein Angebot, in dem eine Kiste Äpfel bestellt werden, in der irrigen Meinung, es handle sich um Birnen, weiß der Betreffende, dass er ein Vertragsangebot abgibt, er kennt nur nicht den genauen Inhalt. Beim Inhaltsirrtum will der Erklärende eine Rechtsfolge in Geltung setzen, er irrt aber über die Bedeutung seiner Erklärung und setzt deshalb eine Rechtsfolge in Geltung, die von seinem Willen nicht gedeckt ist. Die Unterscheidung ist deshalb von Bedeutung, weil das Fehlen des Erklärungsbewusstseins und der Inhaltsirrtum zumindest teilweise unterschiedlich behandelt werden. Bei fehlendem Erklärungsbewusstsein nahm die früher h. M. an, das Erklärungsbewusstsein sei konstitutives Erfordernis der Willenserklärung[3]. Oft wird aber

1 Siehe dazu *Brehm* AT Rdnr. 359, 360.
2 Zum Erklärungsbewusstsein *Brehm* AT Rdnr. 131.
3 Vgl. etwa *Thiele* JZ 1969, 407; *Lehmann*, Allgemeiner Teil des BGB, 14. Aufl., 1963, S. 163

übersehen, dass aus dieser Prämisse unterschiedliche Folgerungen gezogen wurden. Manche haben den Tatbestand der Willenserklärung verneint und kamen zu dem Ergebnis, dass überhaupt keine Willenserklärung vorliegt. Andere gingen davon aus, das Fehlen des Erklärungsbewusstseins führe zur Nichtigkeit der Willenserklärung. Für die Frage, ob ein Anspruch entstanden ist, spielt diese Unterscheidung keine Rolle. Wenn man aber nur zu prüfen hat, ob ein Vertrag vorliegt, kommt man zu unterschiedlichen Ergebnissen. Fehlt der Tatbestand der Willenserklärung (des Angebots) liegt schon der Tatbestand des Vertrags nicht vor. Ist das Angebot dagegen nur nichtig, liegt ein Vertrag vor, der freilich keine Wirksamkeit entfaltet.

Nach dem Sachverhalt meinte Rechtsanwalt R, er unterzeichne Gerichtspost. Genauere Angaben über die Vorstellung und das Bewusstsein des R enthält der Sachverhalt nicht. Die Frage ist, ob R wusste, dass er rechtsgeschäftlich handelte, wenn er davon ausging, er unterzeichne Gerichtspost. Das wäre ganz eindeutig zu bejahen, wenn unter der Gerichtspost nur rechtsgeschäftliche Erklärungen zu finden wären. Das ist aber nicht der Fall. Bei der Gerichtspost befinden sich Empfangsbestätigungen, Klagen, Klageerwiderungen, aber auch rechtsgeschäftliche Erklärungen wie die Annahme eines Vergleichsangebots. Soweit die Erklärungen auf Wirkungen im Prozess zielen, handelt es sich um sog. Prozesshandlungen. Sie sind das prozessuale Gegenstück zu den materiellrechtlichen Willenserklärungen. Bei der Frage, ob R wusste, dass er rechtsgeschäftlich handelte, sind die Prozesshandlungen den Willenserklärungen gleich zu stellen. Auf die Unterscheidung zwischen Prozesshandlung und Willenserklärung muss ein Anfänger natürlich nicht eingehen. Er kann sich vertretbar auf den Standpunkt stellen, dass das Bewusstsein, Gerichtspost zu unterschreiben, auch das Bewusstsein umfasst irgendwelche Rechtsfolgen in Geltung zu setzen. Damit wäre das Erklärungsbewusstsein zu bejahen.

Dass diese Begründung eine Unscharfe enthält soll nicht verschwiegen werden. Die Willenserklärung ist eine konkrete Handlung, hier das Unterzeichnen des Bestellformulars. Was sich R gerade bei der Unterzeichnung dieses Schriftstücks tatsächlich gedacht hat, ist mit letzter Sicherheit dem Sachverhalt nicht zu entnehmen. Wenn man der Meinung ist, der Sachverhalt sei nicht ganz eindeutig, sollte er nicht zurecht gestutzt werden, damit man die ins Auge gefassten Normen anwenden kann. Man sollte offen legen, dass man von einer Ungenauigkeit des Sachverhalts ausgeht und die in Frage kommenden Sachverhaltsvarianten alternativ lösen: Wenn R bei der Unterzeichnung des Bestellformulars nicht davon ausging, dass er eine rechtsgeschäftliche Erklärung unterschrieb, fehlte ihm das Erklärungsbewusstsein. Nach heute h. M. führt dies aber nicht zwingend zur Verneinung des Vertragsschlusses oder zur Nichtigkeit des Vertrags. Wenn es für den Erklärenden erkennbar war, dass seine Erklärung einen rechtsgeschäftlichen Charakter hatte, ist die Willenserklärung wirksam (BGHZ 91, 324, 327). R musste erkennen, dass die Erklärung rechtsgeschäftlichen Charakter hat, deshalb kommt es nicht darauf an, was er sich tatsächlich bei der Unterschrift vorgestellt hat.

Da ein Angebot vorliegt, das vom Verlag durch die Bestätigung auch angenommen wurde, hat R einen Vertrag über den Bezug der Zeitschrift Helena geschlossen.

3. Wirksamkeit?

Bei der Frage, ob die Erklärung wirksam ist, sind etwaige Nichtigkeitsgründe zu prüfen. Solche sind nicht ersichtlich. Ein Irrtum führt nur zur Anfechtbarkeit. Aber das hängt vom Ausgangspunkt ab. Wer das Erklärungsbewusstsein verneint und mit einer Mindermeinung diesen Mangel nach § 118 BGB beurteilt, kommt zu dem Ergebnis, der Vertrag sei nichtig.

4. Anfechtbarkeit

a) Irrtum (§ 119 Abs. 1 BGB)

Geht man mit der h. M. davon aus, eine wirksame Willenserklärung könne auch dann vorliegen, wenn der Erklärende nicht wusste, dass seine Erklärung rechtsgeschäftlichen Charakter hat, ist der Fall des fehlenden Erklärungsbewusstseins dem Inhaltsirrtum gleichzustellen. Es liegt eine Willenserklärung vor, aber der Erklärende irrte über die Bedeutung (§ 119 Abs. 1 Alt. 1 BGB). Dabei muss man § 119 Abs. 1 BGB nicht analog anwenden, es ist vielmehr folgerichtig, von einer direkten Anwendung auszugehen[4].

Eine Anfechtung nach § 119 Abs. 1 BGB scheidet aus, wenn jemand eine Urkunde unterzeichnet, ohne deren Inhalt zur Kenntnis zu nehmen, weil er ihm gleichgültig ist (*Brehm* AT § 8 Rdnr. 222). Hier fehlt es schon am Tatbestandsmerkmal des Irrtums, weil bei der Unterzeichnung einer ungelesenen Urkunde der Erklärende zum Ausdruck bringt, dass er den Inhalt gegen sich gelten lassen will. Voraussetzung ist freilich, dass er von einem rechtsgeschäftlichen Inhalt ausgehen musste. Hier kann man nicht davon ausgehen, dass R bei der Unterzeichnung zum Ausdruck bringen wollte, dass er jeden Inhalt gegen sich gelten lassen will. Deshalb ist die Anfechtung nicht

4 Auch der BGHZ 91, 324 ging nicht von einer analogen Anwendung aus.

ausgeschlossen. Unzutreffend wäre es, die Erklärung des R als Blanketterklärung einzuordnen. Bei der Blanketterklärung liefert jemand seine Unterschrift und der Text der Erklärung soll später von einer anderen Person ergänzt werden.

b) Täuschung (§ 123 BGB)

In Betracht kommt eine Anfechtbarkeit wegen Täuschung durch die Referendarin Z, die die Irrtumssituation hervorgerufen hat[5]. Dabei ist aber zu beachten, dass sie Dritte i. S. des § 123 Abs. 2 BGB ist. Der Verlag konnte nicht wissen, dass die Referendarin das Schriftstück untergeschoben hat. Deshalb scheidet eine Anfechtung aus.

5. Anfechtungserklärung

Ob R wirksam angefochten hat, hängt davon ab, ob er eine Erklärung abgegeben hat, die als Anfechtungserklärung ausgelegt werden konnte. Auf die h. M. (vgl. *Brehm* AT § 18 Rdnr. 226), wonach die Anfechtung unzweideutig zu erklären ist, muss hier nicht eingegangen werden, weil R erklärt hat, er fechte an.

Es liegt der Tatbestand einer Anfechtungserklärung vor. Die Anfechtung ist hilfsweise erklärt. Zu prüfen ist deshalb, ob eine unzulässige Bedingung vorliegt. Einseitige Rechtsgeschäfte sind grundsätzlich bedingungsfeindlich[6]. Die Bedingung (Wirksamkeit des Vertrags) ist aber keine Bedingung i. S. der §§ 158 ff. BGB. Es handelt sich nicht um ein ungewisses Ereignis, vielmehr ist die Rechtslage ungewiss. Die Anfechtung hat nur Sinn, wenn der Vertrag überhaupt wirksam zustandegekommen ist. Derartige Rechtsbedingungen sind auch bei einseitigen Rechtsgeschäften zulässig.

Zur Frage, ob die Anfechtung rechtzeitig war (§ 121 Abs. 2 BGB), kann man im Gutachten nichts ausführen, weil der Sachverhalt keine Angaben darüber enthält, wann der Rechtsanwalt den Brief abgesendet hat. Wenn der Sachverhalt nichts Prüffähiges enthält, kann man die Frage übergehen.

---

5 Zu § 123 BGB siehe *Brehm* AT Rdnr. 243.

6 Dazu *Brehm* AT Rdnr. 391; zum Begriff des einseitigen Rechtsgeschäfts Rdnr. 103.

II. Gutachten

Frage 1: Die Rechtsansicht des R

1. Abschluss eines Vertrags über den Bezug der Zeitschrift »Helena«

Ein Vertrag ist zustandegekommen, wenn zwei korrespondierende Willenserklärungen (Antrag und Annahme) abgegeben wurden.

Zweifelhaft ist nur[7], ob das Schreiben des R, das ihm von der Referendarin Z zur Unterschrift vorgelegt wurde, ein Angebot darstellt. Da R nicht wusste, was er unterschreibt, ist zweifelhaft, ob er das nötige Erklärungsbewusstsein hatte. Bei fehlendem Erklärungsbewusstsein nahm die früher h. M. zum Teil an, der Tatbestand der Willenserklärung sei nicht gegeben. Danach läge überhaupt kein Angebot vor, das der Verlag annehmen konnte. Heute wird das Vorliegen der Willenserklärung bei fehlendem Erklärungsbewusstsein jedenfalls dann nicht verneint, wenn der Erklärende erkennen konnte, dass es sich um eine Willenserklärung handelt, und wenn der Adressat die Erklärung tatsächlich als Willenserklärung aufgefasst hat. R wusste beim Unterzeichnen des Bestellformulars nicht, dass er die Erklärung abgibt, er bestelle die Frauenzeitschrift »Helena«. Ob ihm das Erklärungsbewusstsein fehlte oder nur der konkrete Geschäftswille, hängt davon ab, ob sich R bei der Unterschrift bewusst war, dass seine Erklärung rechtsgeschäftlichen Charakter hatte. Der Sachverhalt ist insoweit nicht ganz eindeutig. Die Frage kann dahinstehen, denn jedenfalls musste R erkennen, dass das Schriftstück einen rechtsgeschäftlichen Inhalt hatte. In diesem Fall ist vom Vorliegen einer Willenserklärung auszugehen.

Somit hat R ein Angebot gemacht, das durch das Schreiben des Verlags angenommen wurde.

2. Wirksamkeit des Vertrags

Der Vertrag könnte unwirksam sein, weil R ohne Erklärungsbewusstsein gehandelt hat. Wie oben 1 ausgeführt, geht aus dem Sachverhalt nicht eindeutig hervor, welche Vorstellung R bei der Unterschrift hatte. Falls R der Meinung war, das Schriftstück habe einen rechtsgeschäftlich erheblichen Inhalt, liegt ein Inhaltsirrtum vor, der nur zur Anfechtung berechtigt, die Wirksamkeit der Willenserklärung aber unberührt lässt. Wenn R nicht von einer rechtsgeschäftlichen Erklärung ausging, fehlte das Erklärungsbewusstsein. Nach h. M. führt dies nicht zur Nichtigkeit, wenn die Erklärung

7 Die Ausführungen sind auf die Erklärung zu beschränken, die problematisch ist.

wie hier zurechenbar ist (siehe oben 1). Es wird aber auch die Ansicht vertreten, die Willenserklärung sei nichtig. Ein Fall, bei dem das Erklärungsbewusstsein fehlt, ist in § 118 BGB geregelt. Das Gesetz ordnet Nichtigkeit an. Der Geschäftspartner bleibt dabei nicht schutzlos, weil derjenige, welcher auf die Wirksamkeit der Erklärung vertraut, Ersatz nach § 122 BGB verlangen kann. Die gesetzliche Regelung des § 118 BGB spricht für die Annahme einer nichtigen Willenserklärung bei fehlendem Erklärungsbewusstsein[8].

Gegen die Anwendung des § 118 BGB wird eingewandt, bei unbewusstem Fehlen des Erklärungsbewusstseins sei es nicht gerechtfertigt, dem Erklärenden einen möglichen Vorteil des Geschäfts abzuschneiden[9]. Dabei wird der Geltungsgrund rechtgeschäftlicher Rechtsfolgen außer Acht gelassen. Rechtsgeschäftliche Rechtsfolgen treten ein, weil sie gewollt sind. Der Grundsatz der Privatautonomie gebietet es nicht, dem Unachtsamen versehentlich in Geltung gesetzte Rechtsfolgen zu erhalten.

Frage 2: Anfechtung

1. Anfechtbarkeit des Angebots

a) Inhaltsirrtum

R kann seine Erklärung nach § 119 Abs. 1 Satz 1 Alt. 1 BGB anfechten, wenn man unterstellt, R sei sich bewusst gewesen, dass er eine rechtsgeschäftlich relevante Erklärung abgibt. Der Irrtum ist auch kausal und erheblich, da er bei Kenntnis der Sachlage und bei verständiger Würdigung des Falles die Erklärung nicht abgegeben hätte.

Die Anfechtung wird nicht dadurch ausgeschlossen, dass R das Schriftstück nicht richtig oder gar nicht durchgelesen hat. Unterschreibt jemand ein Schriftstück in dem Bewusstsein, dass er keinerlei Kenntnis von dessen Inhalt hat, scheidet allerdings eine Anfechtung aus, weil ein Irrtum dann

8 In einer Klausur erwartet niemand, dass der Bearbeiter alle Meinungen und Theorien abhandelt. Hier geht es aber um eine ganz gängige Streitfrage, die auch das Grundverständnis der Rechtsgeschäftslehre betrifft; deshalb sollte diese Streitfrage kurz aufgegriffen werden. Soweit in einer Arbeit unterschiedliche Meinungen dargestellt werden, muss der Verfasser in der Auseinandersetzung mit den Ansichten Stellung beziehen. Hier wäre eine Alternativlösung wie bei unklarem Sachverhalt verfehlt.

9 Vgl. etwa *Jauernig*, BGB, vor § 116 Rdnr. 5.

nicht vorliegt, wenn sich jemand keine Vorstellung vom Inhalt der Erklärung macht. Dieser (seltene) Fall liegt hier aber nicht vor. R meinte, er unterschreibe Gerichtspost, er hatte deshalb zumindest eine ungefähre Vorstellung vom Inhalt der Erklärung.

b) Anfechtungsrecht nach § 123 BGB

Ein Anfechtungsrecht ergibt sich ferner aus § 123 BGB, wenn R arglistig getäuscht wurde und kein Ausschlusstatbestand des § 123 Abs. 2 BGB vorliegt.

Die Referendarin täuschte R. Für die Täuschung reicht es aus, dass eine falsche Vorstellung beim Erklärenden hervorgerufen wird. Dabei ist es unerheblich, ob die Tatsachen unverändert bleiben und die Vorstellung des Betroffenen beeinflusst wird oder ob durch Veränderung der Tatsachen eine bestehende Vorstellung unrichtig wird. In beiden Fällen wird die Entscheidungsfreiheit des Erklärenden beeinflusst.

Das Anfechtungsrecht nach § 123 Abs. 1 BGB setzt voraus, dass die Täuschung arglistig erfolgte. Arglist ist schon dann anzunehmen, wenn die Täuschung vorsätzlich erfolgte. Dabei genügt bedingter Vorsatz. Die Referendarin hat es in Kauf genommen, dass der Anwalt das Bestellformular unterzeichnet. Sie handelte damit vorsätzlich. Weitere Merkmale verwerflichen Handelns sind nicht erforderlich, weil es bei § 123 Abs. 1 BGB nicht um eine Strafsanktion geht, sondern um den Schutz der Privatautonomie.

Die Anfechtung ist nach § 123 Abs. 2 Satz 1 BGB ausgeschlossen, da nicht der Verlag, sondern die Referendarin Z als Dritte die Täuschung verübt hat. Der Verlag konnte nicht wissen, dass das Bestellformular untergeschoben war.

2. Anfechtungserklärung

Eine Anfechtungserklärung liegt vor. Die Begründung des R, das Bestellformular sei ihm untergeschoben worden, ist ausreichend, weil daraus hervorgeht, dass er die Erklärung wegen eines Irrtums anfechten will.

Ob die Anfechtungserklärung auch wirksam ist, hängt davon ab, ob sie unter die Bedingung der Wirksamkeit des Vertrags gestellt werden konnte. Grundsätzlich sind Anfechtungserklärungen als einseitige Rechtsgeschäfte bedingungsfeindlich. R hat die Erklärung von der Wirksamkeit des Vertrags abhängig gemacht. Das ist kein ungewisses zukünftiges Ereignis. Es handelt sich vielmehr um eine Rechtsbedingung, die unschädlich ist.

Eine wirksame Anfechtungserklärung liegt somit vor.

Fall 2 [Handel zwischen Minderjährigen]

Der 15jährige V verkauft dem gleichaltrigen Schulfreund K ein Buch, das ihm von den Eltern zum Geburtstag geschenkt worden ist, zum Freundschaftspreis von 15,– Euro. V übergibt das Buch an K. Dieser verspricht, nach einer Woche zu zahlen. Da V unsicher ist, ob er das Geschäft alleine wirksam abschließen kann, vereinbart er mit K, dass dieser nur unter der Voraussetzung Eigentümer werden soll, dass ein wirksamer Kaufvertrag vorliegt.

K gibt das Buch mit Zustimmung seiner Eltern der Freundin F mit den Worten: »Das ist ein Geschenk für Deine Bildung. Solltest Du das Buch bis zum Monatsende nicht gelesen haben, will ich es zurückhaben«. Der Freundin waren alle Umstände, unter denen K das Buch erworben hatte, bekannt. Gelesen hat sie das Buch nicht, weil sie sich über die oberlehrerhafte Art des K ärgerte.

Der Vater des V, ein Betriebswirt, erklärt gegenüber seinem Sohn, er sei mit der Übereignung des Buches an K einverstanden. Den Kaufvertrag billige er aber nicht, weil Freundschaftspreise unter tüchtigen Geschäftsleuten nicht üblich seien. Er fordert seinen Sohn auf, mit K über einen günstigeren Kaufpreis zu verhandeln. Die Mutter des V ist bei dem Gespräch anwesend. Wie üblich schweigt sie, weil geschäftliche Angelegenheiten bisher stets von ihrem Mann erledigt wurden.

Die Verhandlungen zwischen V und K scheitern.

Wer ist Eigentümer des Buches?

A. Sachverhaltsskizze

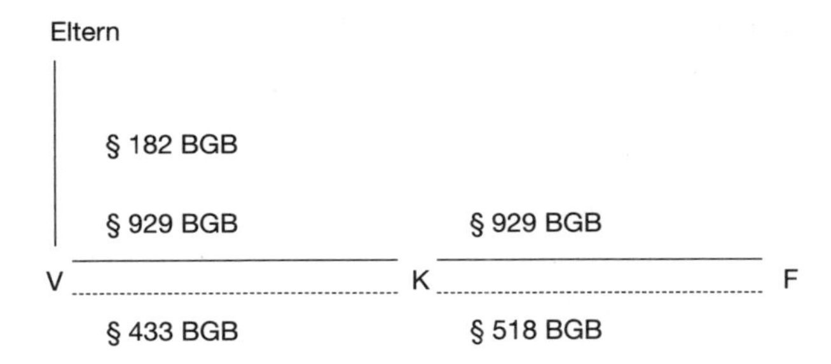

B. Vorüberlegungen

I. Fragestellung und Sachverhaltsauslegung

Gefragt ist nicht nach einem Anspruch, sondern danach, wer Eigentümer des Buches ist. Nach dem ersten Anschein geht es um ein sachenrechtliches Problem. Da es um den Erwerb bzw. Verlust des Eigentums durch Rechtsgeschäft geht, liegt der Schwerpunkt des Falles im Allgemeinen Teil, das Sachenrecht ist nur der Ausgangspunkt. Nach dem Sachverhalt kann man davon ausgehen, dass zunächst V Eigentümer des Buches war. Von einer Übereignung an V ist allerdings nirgends die Rede; im Sachverhalt ist nur mitgeteilt, dass V das Buch als Geburtstagsgeschenk von den Eltern erhalten hat. Durch die Schenkung allein wird das Eigentum nicht übertragen, weil es sich beim Schenkungsvertrag um einen schuldrechtlichen (obligatorischen) Vertrag handelt, der nur schuldrechtliche Rechtsfolgen erzeugt, aber keine Verfügungswirkungen. Was man in der Umgangssprache »Schenkung« nennt, umfasst aber die schuldrechtliche Abrede und die Übereignung. Der Sachverhalt schildert einen Vorgang manchmal umgangssprachlich. Ob dies der Fall ist, muss jeweils geprüft werden. Hier kann man getrost unterstellen, dass K das Buch von den Eltern auch übereignet wurde. Ein spitzfindiger Bearbeiter könnte zu dem Ergebnis kommen, dass sich aus dem Sachverhalt die ursprünglichen Eigentumsverhältnisse nicht ergeben, weil nur von Schenkung die Rede ist, deshalb sei nach der Regel über unklare Sachverhalte eine Alternativlösung anzubieten. Diese Überlegung ist nicht juristisch falsch, sie führt aber dazu, dass im Grunde zwei verschiedene Fälle zu lösen wären, was sicher nicht vom Aufgabensteiler beabsichtigt war. Deshalb ist davon auszugehen, dass V zunächst Eigentümer des Buches geworden ist.

II. Übereignung an K

Als Eigentümer kommen in Betracht V, K und F. Ob V Eigentümer geblieben ist, hängt davon ab, ob die Veräußerungsvorgänge unwirksam waren. Hier empfiehlt es sich, bei den Vorüberlegungen nach der historischen Methode vorzugehen und zunächst die erste Veräußerung zu prüfen.

1. Übereignungstatbestand (V – K)

Auch der beste Jurist kann nicht alle Probleme gleichzeitig lösen. Deshalb muss man die Prüfung in einzelne Komplexe zerlegen. Sinnvollerweise ist zunächst zu prüfen, ob der Übereignungstatbestand des § 929 Satz 1 BGB vorliegt. Dazu gehören eine Einigung (Vertrag über den Wechsel des Eigentums) und die Übergabe der Sache. Anschließend ist zu prüfen, ob der dingliche Vertrag (Einigung) auch wirksam ist.

Die Übergabe liegt nach dem Sachverhalt ohne Zweifel vor. Ob eine Vereinbarung über den Eigentumserwerb des K vorliegt, könnte man zunächst bezweifeln, weil V das Buch nur unter der Voraussetzung übereignen will, dass ein wirksamer Kaufvertrag vorliegt. Damit man den Fall richtig in den Griff bekommt, muss man die Vereinbarung, dass das Eigentum nur bei wirksamem Kaufvertrag übergehen soll, rechtlich qualifizieren. Um eine Bedingung i. S. des § 158 BGB handelt es sich nicht, weil das Eintreten der Rechtsfolge nicht von einem künftigen ungewissen Ereignis abhängig gemacht wird, sondern von der bestehenden Rechtslage. Aber die Parteien können aufgrund der Privatautonomie auch unechte Bedingungen[1] vereinbaren und das Eintreten der Rechtsfolge von der Wirksamkeit eines anderen Rechtsgeschäfts abhängig machen. Diese Bedingungen kann man konstruktiv wie die echten Bedingungen behandeln, sofern nicht eine *überflüssige* Rechtsbedingung vorliegt. Bei der echten (aufschiebenden) Bedingung ist die Rechtsfolge nur gewollt für den Fall, dass das künftige Ereignis eintritt. Das bedeutet aber nicht, dass noch gar keine Willenserklärung vorliegt. Beim bedingten Rechtsgeschäft liegt der Tatbestand des Rechtsgeschäfts vor. Dass die Rechtsfolge vom Eintritt eines späteren Ereignisses abhängig gemacht wird, gehört zum Inhalt des Rechtsgeschäfts. Welche Bedeutung haben diese Überlegungen zur Bedingung für die Lösung des Falles? Wenn man die unechte Bedingung wie eine Bedingung behandelt, dann steht jedenfalls fest, dass der rechtsgeschäftliche Tatbestand, die Einigung nach § 929 Satz 1 BGB, vorliegt. Man muss nicht herumrätseln, ob die Erklärung des V überhaupt eine Rechtsfolgeanordnung enthält und ob ein Rechtsfolgewille gegeben ist. Eine Willenserklärung liegt auch dann vor, wenn nach dem erklärten Willen die Rechtsfolge nur unter gewissen Voraussetzungen eintreten soll.

Eine Einigung über den Eigentumswechsel zwischen V und K liegt somit vor.

2. Wirksamkeitshindernisse

V war beschränkt geschäftsfähig (§ 106 BGB). Die Wirksamkeit eines Vertrags, die der beschränkt Geschäftsfähige ohne Einwilligung des gesetzlichen Vertreters schließt, hängt nach § 108 Abs. 1 BGB von der Genehmigung

1 Dazu *Brehm* AT Rdnr. 390.

des Vertreters ab. Erforderlich ist die Einwilligung nach § 107 BGB, wenn der Minderjährige nicht lediglich einen rechtlichen Vorteil erlangt. Da durch die Übereignung das Eigentum verlorengeht, ist das Rechtsgeschäft rechtlich nachteilig. Eine *Einwilligung*[2] der Eltern ist aus dem Sachverhalt nicht ersichtlich, deshalb war die Einigung zwischen V und K zunächst schwebend unwirksam. Der Vater hat aber später erklärt, er sei mit der Übereignung einverstanden. Darin liegt eine Genehmigung. Das Problem ist nur, dass die Erklärung des Vaters nicht ausreicht. Die Genehmigung muss von »dem gesetzlichen Vertreter« erklärt werden. Das sind beide Eltern (§§ 1626, 1629 BGB). Zu prüfen ist, ob das Verhalten der Mutter, die bei dem Gespräch anwesend war, als Zustimmung gedeutet werden kann. Die Mutter schwieg, weil sie geschäftliche Angelegenheiten ihrem Mann überlassen hat. Im Schweigen kann man grundsätzlich keine Zustimmung sehen. Das ist aber eine Frage der Auslegung. Wo Untätigsein so verstanden werden muss, dass der Schweigende sein Einverständnis zum Ausdruck bringt, liegt eine konkludente Willenserklärung vor[3]. Es ist gut vertretbar, hier eine konkludente Zustimmung der Mutter anzunehmen. Man könnte auch annehmen, die Frau habe ihren Mann bevollmächtigt, in ihrem Namen Zustimmungen zu erklären. Eine ausdrückliche Bevollmächtigung liegt nicht vor. Man kann aber eine Duldungsvollmacht annehmen: Die Frau weiß, dass der Mann alleine handelt und für sie mitentscheidet, und sie hat das bisher hingenommen. Bei der Duldungsvollmacht muss der »Gegner« das Dulden nach Treu und Glauben dahin verstehen dürfen, dass der als Vertreter Handelnde bevollmächtigt ist. Gegner ist hier der Sohn, denn ihm gegenüber wird die Genehmigung erklärt (vgl. auch § 182 Abs. 1 BGB). Der Sohn konnte davon ausgehen, dass die Mutter Entscheidungen dem Vater übertragen hat und dieser bevollmächtigt ist. Welchen Weg man einschlägt, hängt davon ab, wie das Verhalten der Mutter ausgelegt wird. Bei der Auslegung gibt es in Zweifelsfällen keine richtige oder falsche Lösung; es gibt meist mehrere vertretbare Ergebnisse. Es empfiehlt sich, in der Klausur den Weg einzuschlagen, der das geringere Risiko bietet. Wenn man nicht ganz sicher ist, welche Voraussetzungen für das Vorliegen einer Duldungsvollmacht vorliegen müssen, wird man besser eine konkludente Zustimmung annehmen. Wenn man hier auf die Duldungsvollmacht zu sprechen kommt, ist es nicht nötig, auf die Streitfrage einzugehen, ob die Duldungsvollmacht eine Rechtsscheinvollmacht[4] oder konkludente Bevollmächtigung ist[5].

---

2 Vorherige Zustimmung (vgl. die Legaldefmition in § 183 Satz 1 BGB).
3 *Brehm* AT Rdnr. 139.
4 Dafür z. B. *Köhler* AT § 11 Rdnr. 43.
5 *Brehm* AT Rdnr. 466.

Da beide Eltern die Übereignung genehmigt haben, steht die Minderjährigkeit des V der Wirksamkeit der dinglichen Einigung nicht entgegen. K erlangte durch die Übereignung lediglich einen rechtlichen Vorteil; er benötigte daher nicht die Zustimmung seiner Eltern.

Ein ganz sorgfältiger Bearbeiter wird bei der Genehmigung auf das Problem stoßen, dass die Genehmigung eine empfangsbedürftige Willenserklärung ist. Adressat kann der Minderjährige sein, wie sich aus § 182 Abs. 1 BGB ergibt. Man könnte aber die Frage stellen, ob dem Minderjährigen die Erklärung zugehen konnte. Der Zugang einer Willenserklärung, die einem nicht voll Geschäftsfähigen gegenüber abgegeben wird, ist in § 131 BGB geregelt. Nach § 131 Abs. 2 BGB ist der Zugang nur wirksam, wenn die gesetzlichen Vertreter zustimmen, sofern die Erklärung dem Minderjährigen nicht lediglich einen rechtlichen Vorteil bringt. Indem die Eltern ihre Erklärung dem Minderjährigen gegenüber abgeben, sind sie natürlich damit einverstanden, dass die Erklärung diesem zugehen kann. Aber ein scharfsinniger Jurist erkennt sofort, dass diese Begründung eigentlich nicht ausreicht. Auch die Einwilligung nach § 131 Abs. 2 Satz 2 BGB ist eine empfangsbedürftige Willenserklärung und kann eigentlich nur erklärt werden, wenn schon eine wirksame Einwilligung der Eltern vorliegt oder die Erklärung nur rechtlich vorteilhaft ist. Bei rein formaler Anwendung des Gesetzes käme man in der Tat zu dem Ergebnis, dass die Zustimmung der Eltern nicht wirksam zugegangen ist. Aber nicht jedes formal ableitbare Ergebnis ist richtig. Man muss bei der Gesetzesanwendung immer den Sinn der Regelungen im Auge behalten. Die Vorschrift des § 131 BGB soll den Minderjährigen schützen und die Entscheidungsgewalt der Eltern sicherstellen. Von diesem Zweck her ist es nicht geboten, § 131 Abs. 2 Satz 2 BGB auch auf die Genehmigung der Eltern anzuwenden. Eine so begründete restriktive Auslegung wird in der juristischen Methodenlehre »teleologische Reduktion« genannt.

Die bisherigen Überlegungen haben sich nur mit einem Wirksamkeitshindernis auseinandergesetzt; es ging um die Frage, ob die dingliche Einigung nach §§ 106 ff. BGB unwirksam ist. Ungeklärt ist noch, ob die »Bedingung«, dass ein wirksamer Kaufvertrag vorliegt, Einfluss auf die dingliche Einigung hat.

V war mit dem Übergang des Eigentums nur unter der Voraussetzung einverstanden, dass ein wirksamer Kaufvertrag vorliegt. Der Kaufvertrag als obligatorisches Geschäft ist vom Übereignungstatbestand zu trennen und gesondert zu prüfen. Für die Frage, wer Eigentümer ist, muss man den Kaufvertrag in der Regel nicht prüfen, weil der Kaufvertrag nur Verpflichtungen erzeugt. Hier hat V aber die Einigung für den Fall erklärt, dass der Kaufvertrag wirksam ist.

Ob die Gültigkeit des Kausalgeschäfts zur »Bedingung« des Verfügungsgeschäfts gemacht werden kann, ist nicht unstreitig. Durch diese Vertragsgestaltung wird der Abstraktionsgrundsatz zur Disposition der Beteiligten gestellt. Der Abstraktionsgrundsatz soll den Rechtsverkehr schützen. Wer eine Sache erwirbt, muss nur den dinglichen Erwerbstatbestand prüfen, wenn er wissen will, ob der Veräußerer Berechtigter ist; auf die Wirksamkeit schuldrechtlicher Vereinbarungen kommt es nicht an. Der Bedingungszusammenhang bei der Übereignung entfaltet insofern Drittwirkung, als jeder spätere Erwerber bei der Prüfung der Erwerbskette auch schuldrechtliche Rechtsbeziehungen berücksichtigen müsste. Dennoch ist der Bedingungszusammenhang nach h. M. zulässig, sofern die Bedingung ausdrücklich vereinbart wurde[6]. Eine solche ausdrückliche Vereinbarung liegt hier vor. Es kommt deshalb darauf an, ob der Kaufvertrag wirksam ist.

Auch der Kaufvertrag ist ein Rechtsgeschäft, das V nur mit Zustimmung der Eltern abschließen konnte. Der Vertrag war zunächst schwebend unwirksam (§ 108 Abs. 1 BGB). Eine Genehmigung des Vertrags liegt nicht vor. Die Genehmigung des Vaters bezieht sich nur auf die Übereignung. Der Vater erklärte, dass er den Kaufvertrag nicht billige. Darin liegt die Verweigerung der Genehmigung. Mit der Verweigerung der Genehmigung wird das schwebend unwirksame Geschäft endgültig unwirksam. (Auch hier kommt es natürlich nicht nur auf den Vater, sondern die gesetzlichen Vertreter an.)

Da der Kaufvertrag unwirksam ist und die Übereignung nur bei wirksamem Kaufvertrag wirksam sein sollte, ist K nicht Eigentümer geworden.

Bei der Begründung wurde das Problem erörtert, ob die Geltung des Verfügungsgeschäfts von der Wirksamkeit des obligatorischen Geschäfts abhängig gemacht werden kann. Entsprechend dem Grundsatz, dass man keine überflüssigen Probleme erörtern soll, ist bei den Vorüberlegungen zu prüfen, ob sich der Fall auch ohne Erörterung des Bedingungszusammenhangs lösen lässt. Dann wären aber Alternativbegründungen zu liefern, die jeweils von unterschiedlichen Prämissen bei der Frage der Zulässigkeit des Bedingungszusammenhangs ausgingen. Dabei wäre zu zeigen, dass beide Ansätze zum selben Ergebnis führen. Der Begründungsaufwand würde dabei kaum geringer, weil man gezwungen wäre, auf die Frage einzugehen, ob das ganze Rechtsgeschäft nichtig ist, wenn eine unzulässige Bedingung vereinbart wurde (§ 139 BGB). Deshalb ist eine Alternativbegründung, bei der man leicht die Übersicht verliert, nicht zu empfehlen.

---

6 Dazu *Brehm* AT Rdnr. 123. Bei der Sicherungsabtretung verzichtet der BGH auf die ausdrückliche Vereinbarung, NJW 1982, 275.

III. Übereignung K – F

Der Übereignungstatbestand liegt vor. Nach dem Sachverhalt haben die Eltern des K zugestimmt, deshalb ist es unerheblich, dass K minderjährig war. Die Frage, ob es überhaupt der Zustimmung der Eltern bedurfte, weil K über fremdes Eigentum verfügt, muss nicht notwendig behandelt werden. Es wäre aber nicht falsch, darauf einzugehen.

V war nicht Eigentümer und somit nicht verfügungsbefugt. Verfügungen können nur vom Verfügungsberechtigten vorgenommen werden. Auch § 929 BGB verlangt, dass der bisherige Eigentümer die Einigung erklärt. Ein gutgläubiger Erwerb nach § 932 BGB scheidet von vornherein aus, weil F Kenntnis von den Vorgängen hatte.

Durch die Übereignung an F hat V sein Eigentum nicht verloren.

Die Übereignung wurde zudem auflösend bedingt vorgenommen. Auflösende Bedingung war, dass F das Buch bis Monatsende nicht liest. Diese Bedingung ist eingetreten.

C. Gutachten

Nach dem Sachverhalt war ursprünglich V Eigentümer des Buches. V ist Eigentümer geblieben, wenn er das Eigentum nicht durch Übereignung an K verloren hat, und wenn auch F kein Eigentum erworben hat[7].

I. Übereignung an K

1. Tatbestand des § 929 Satz 1 BGB

Die Übereignung setzt voraus, dass die Sache dem Erwerber vom Eigentümer übergeben wird und beide einig sind, dass das Eigentum übergehen soll. Nach dem Sachverhalt liegt eine Übergabe vor. Am Vorliegen der Einigungserklärung könnte man deshalb zweifeln, weil V erklärte, K solle nur unter der Voraussetzung Eigentümer werden, dass auch der Kaufvertrag wirksam ist. Die Willenserklärung muss eine Rechtsfolgeanordnung enthalten. Ohne diese Rechtsfolgeanordnung liegt schon tatbestandsmäßig keine Willenserklärung vor. Dabei ist es aber unschädlich, wenn die Rechtsfolge

7 Das Gutachten beginnt mit der Sachverhaltsprämisse und den Prüfpunkten (Übereignung an K bzw. F). Dabei handelt es sich um Rechtsfolgen (Eigentumserwerb), die durch den Tatbestand des § 929 BGB erzeugt werden.

nur unter bestimmten Voraussetzungen eintreten soll, wie die Vorschriften über die Bedingung (§§ 158 ff. BGB) zeigen. Eine Einigung i. S. des § 929 Satz 1 BGB liegt deshalb tatbestandsmäßig vor.

2. Wirksamkeitshindernisse, Bedingung

a) Minderjährigkeit des V

Die Übereignung ist unwirksam, wenn V nur mit Zustimmung der Eltern handeln konnte und die Zustimmung nicht vorliegt.

V war erst 15 Jahre und somit nach § 106 BGB beschränkt geschäftsfähig. Nach § 108 Abs. 1 BGB war die Einigung als Vertrag unwirksam, wenn die erforderliche Einwilligung der Eltern (§ 1626 BGB) des V fehlte und auch keine Genehmigung erteilt wurde.

Die Einwilligung ist nach § 107 BGB erforderlich, wenn der Minderjährige durch das Rechtsgeschäft nicht lediglich einen rechtlichen Vorteil erlangt. Die dingliche Einigung (in Verbindung mit der Übergabe) führt nach § 929 Satz 1 BGB zum Eigentumsverlust. Das ist ohne Zweifel ein rechtlicher Nachteil. Deshalb war die Zustimmung der Eltern erforderlich.

Eine Einwilligung der Eltern lag nicht vor. Es kommt deshalb darauf an, ob das Geschäft genehmigt[8] wurde. Eine Genehmigung liegt in der Erklärung des Vaters, er sei mit der Übereignung einverstanden. Die Genehmigung konnte nach § 182 Abs. 1 BGB auch gegenüber V erklärt werden. Dass der Zugang nach § 131 Abs. 1 BGB eigentlich der Zustimmung bedarf, ist unschädlich, da eine gesonderte Zustimmung zum Zugang nicht erforderlich ist, wenn die gesetzlichen Vertreter von der Möglichkeit Gebrauch machen, ein Rechtsgeschäft gegenüber dem Minderjährigen zu genehmigen. Der Zweck des § 131 Abs. 2 BGB, den Minderjährigen zu schützen und bei Rechtsgeschäften die Mitwirkung der gesetzlichen Vertreter sicherzustellen, ist gewährleistet.

Die Genehmigung des Vaters reichte aber nicht aus, da beide Elternteile die elterliche Sorge gemeinsam ausüben und somit gemeinsam vertretungsbefugt sind (§§ 1626, 1629 BGB). Eine ausdrückliche Zustimmung der Mutter liegt nicht vor; sie schwieg. Schweigen ist grundsätzlich nicht als Zustimmung zu werten. Etwas anderes gilt dann, wenn das Verhalten als Zustimmungserklärung ausgelegt werden kann. Eine solche konkludente Zustimmung kann hier angenommen werden. V musste das Verhalten der

---

8 Wo Fachausdrücke wie Genehmigung oder Einwilligung verwendet werden, darf der Bearbeiter davon ausgehen, dass der Leser des Gutachtens diese versteht. Eine lehrhafte Erläuterung der Bedeutung ist überflüssig.

Mutter so verstehen, dass sie mit der Entscheidung ihres Ehemannes einverstanden ist und sich dessen Zustimmungserklärung zu eigen macht. Die Frage, ob der Vater die Mutter aufgrund einer Duldungsvollmacht der Mutter vertreten konnte, kann deshalb offen bleiben[9].

Da die dingliche Einigung genehmigt wurde, steht die Minderjährigkeit des V der Wirksamkeit der Einigung nach § 929 Satz 1 BGB nicht entgegen[10].

b) Bedingungszusammenhang

Die Rechtsfolge (Übereignung) ist nach dem Inhalt der dinglichen Einigung nicht eingetreten, wenn der Kaufvertrag unwirksam war, denn V erklärte ausdrücklich, dass K nur Eigentümer werden soll, wenn ein wirksamer Kaufvertrag vorliegt.

Der Zulässigkeit eines solchen Bedingungszusammenhangs zwischen Verfügungs- und Verpflichtungsgeschäft könnte der Abstraktionsgrundsatz widersprechen. Nach dem Abstraktionsgrundsatz ist die Wirksamkeit des einen Geschäfts unabhängig von der des anderen zu beurteilen. Das Gesetz bezweckt damit den Schutz des Rechtsverkehrs, der grundsätzlich nicht zur Disposition der Vertragsparteien stehen kann. Die h. M. geht allerdings davon aus, ein Bedingungszusammenhang sei zulässig, wenn die Wirksamkeit des Kausalgeschäfts ausdrücklich zur »Bedingung« des Verfügungsgeschäfts erhoben werde. Hier wurde ausdrücklich bestimmt, dass die Übereignung nur für den Fall gelten soll, dass der Kaufvertrag wirksam ist.

Deshalb ist die Einigung nicht etwa wegen einer unzulässigen Bedingung unwirksam.

c) Wirksamkeit des Kaufvertrags

Auch den Kaufvertrag konnte V nur mit Zustimmung der Eltern abschließen; es gilt das zur Übereignung Ausgeführte (oben I 2 a). Der Vertrag war zunächst schwebend unwirksam (§ 108 Abs. 1 BGB) und wurde endgültig unwirksam durch die Verweigerung der Genehmigung durch den Vater, welcher die Mutter zustimmte (oben I 2 a). Da die Bedingung nicht vorliegt, ist die Rechtsfolge, welche davon abhängig gemacht wurde, nicht eingetreten. V ist Eigentümer geblieben.

---

9 Der Hinweis auf eine andere Lösungsmöglichkeit kostet nicht viel, und man kann zeigen, dass man den anderen Weg gesehen hat.

10 Man darf nicht den voreiligen Schluss ziehen, die Übereignung sei wirksam. Das Zwischenergebnis bezieht sich nur auf das, was geprüft wurde.

II. Übereignung an F

K war nicht Eigentümer und somit nicht verfügungsbefugt. Verfügungsgeschäfte können wirksam nur vom Verfügungsberechtigten vorgenommen werden. Wie sich aus dem Wortlaut des § 929 Satz 1 BGB ergibt, ist der Eigentümer zur Verfügung befugt. Ein Erwerb vom Nichtberechtigten (§ 932 BGB) scheidet aus, da F Kenntnis von den Vorgängen hatte.

Durch die Übereignung an F hat V sein Eigentum an dem Buch somit nicht verloren.

Die Übereignung wurde zudem auflösend bedingt vorgenommen. Die Bedingung (Nichtlesen des Buches) ist eingetreten, deshalb wären die Übereignungswirkungen nach § 158 Abs. 2 BGB entfallen und der frühere Rechtszustand wäre wieder eingetreten[11].

11 Die Ausführungen zur auflösenden Bedingung sind nicht zwingend nötig.

Fall 3 [Die Kündigung]

Die Arbeitnehmerin A ist auffällig oft krankgeschrieben. Als sie wieder einmal nach krankheitsbedingter Abwesenheit zur Arbeit erscheint, beantragt sie vier Wochen Urlaub, weil sie mit ihrem Ehemann eine Urlaubsreise nach Kenia antreten will. Der Arbeitgeber gibt dem Urlaubsgesuch nicht statt, weil er der Meinung ist, es sei an der Zeit, dass die A wieder etwas arbeitet. Die A tritt dennoch die Urlaubsreise an und bleibt eigenmächtig der Arbeit fern.

Daraufhin kündigt der Arbeitgeber durch einen eingeschriebenen Brief an A das Arbeitsverhältnis fristlos. Der Briefträger trifft den Onkel der A auf der Straße und übergibt diesem das Einschreiben, mit der Bitte um Weiterleitung. Der Onkel händigt den Brief der Mutter der A aus, die im selben Haus wie A wohnt, aber in einer getrennten Wohnung. Die Mutter ahnt, dass der Brief des Arbeitgebers nichts Erfreuliches enthält und schickt ihn ungeöffnet an den Arbeitgeber zurück. Daraufhin kündigt der Arbeitgeber erneut. Beim Zugang der zweiten Kündigung war die A schwanger, was dem Arbeitgeber unverzüglich mitgeteilt wurde. Dadurch wurde diese Kündigung nach § 9 MuSchG unzulässig.

A klagte gegen den Arbeitgeber auf Feststellung, dass das Arbeitsverhältnis durch die erste Kündigung nicht aufgelöst wurde.

Ist die Klage begründet?

***Bearbeitungshinweis:** Es ist davon auszugehen, dass dem Arbeitgeber bei der ersten Kündigung ein Kündigungsrecht zustand, die Klagefrist nach § 4 KSchG und die Kündigungserklärungsfrist nach § 626 Abs. 2 BGB eingehalten wurden.*

A. Vorüberlegungen

I. Fragestellung und Bearbeitungsvermerk

Die Fragestellung kommt in prozessualem Gewand einher, was nicht bedeutet, dass man sich notwendigerweise mit Prozessrecht auseinandersetzen muss. Wenn nur nach der Begründetheit der Klage gefragt ist, ist lediglich materielles Recht zu prüfen. Ausführungen zu prozessualen Problemen (Zuständigkeit des Gerichts usw.) wären überflüssig und damit verfehlt. Bei der Frage nach der Begründetheit einer Klage ergibt sich die zu prüfende Rechtsfrage aus dem Klagebegehren oder Klageantrag. A klagt auf

Feststellung, dass die Kündigung unwirksam war. Es ist deshalb die Wirksamkeit der ersten Kündigungserklärung zu prüfen.

Zu beachten ist der Bearbeitungshinweis, nach dem davon auszugehen ist, dass für die erste Kündigung ein Kündigungsgrund vorlag. Weiter soll unterstellt werden, dass die Klagefrist und die Kündigungserklärungsfrist eingehalten wurden. Damit sollen arbeitsrechtliche Probleme ausgeklammert werden[1]. Aus dem Sachverhalt ergibt sich ferner, dass die zweite Kündigung, nach der im Übrigen auch nicht gefragt ist, unwirksam ist.

II. Die Kündigung als Willenserklärung

In einem Recht, das nur Regelungen auf niederer Abstraktionsstufe kennt, würde man sich fragen, welche Voraussetzungen an eine Kündigung im Arbeitsrecht zu stellen sind. Unser Arbeitsrecht enthält keine Sondervorschriften über die Kündigungs*erklärung*. Deshalb muss man auf allgemeine Normen zurückgreifen. Zur Feststellung, welche Normen einschlägig sind, ist die Kündigungserklärung rechtlich zu qualifizieren. Mit der Kündigung bringt der Kündigende zum Ausdruck, dass ein Dauerschuldverhältnis aufgelöst werden soll. Die Beendigung eines bestehenden Rechtsverhältnisses ist eine Rechtsfolge. Da durch die Kündigung eine Rechtsfolge in Geltung gesetzt werden soll, handelt es sich bei der Kündigung um eine Willenserklärung. Zur Lösung des Falles sind deshalb die Vorschriften über Willenserklärungen anzuwenden. Im Gutachten muss dies nicht näher ausgeführt werden.

III. Die Problemanalyse

Zu untersuchen ist die Wirksamkeit der Kündigungserklärung. Eine Kündigung kann unwirksam sein, weil kein Kündigungsgrund vorliegt oder weil die Kündigungserklärung unvollständig ist oder an einem Mangel leidet. Da im Sachverhalt das Bestehen des Kündigungsgrundes vorgegeben ist, konzentriert sich die Fragestellung auf die Wirksamkeit der Erklärung nach den Vorschriften über Rechtsgeschäfte.

Der Sachverhalt gibt keine Anhaltspunkte für Willensmängel, fehlenden Handlungswillen oder Unbestimmtheit der Rechtsfolge. Das einzige Problem ist, dass das Einschreiben des Arbeitgebers bei der Arbeitnehmerin nie

---

1 Der eigenmächtige Urlaubsantritt ist ein Kündigungsgrund für eine außerordentliche Kündigung, vgl. BAG DB 1994, 1042.

angekommen ist. Es geht deshalb um das Problem des Zugangs. Die empfangsbedürftige Willenserklärung, zu der auch die Kündigungserklärung gehört, wird erst mit Zugang wirksam (§ 130 Abs. 1 Satz 1 BGB)[2].

IV. Abgabe und Zugang der Erklärung

An der Abgabe der Willenserklärung bestehen nach dem Sachverhalt keine Zweifel, da die Erklärung weggeschickt wurde und in Richtung auf den Erklärungsempfänger auf den Weg gebracht wurde[3]. Zweifelhaft ist der Zugang. Nach § 130 Abs. 1 Satz 1 BGB wird eine empfangsbedürftige Willenserklärung, die in Abwesenheit des Adressaten abgegeben wird, in dem Zeitpunkt wirksam, in welchem sie ihm zugeht. Wenn das Kündigungsschreiben der Arbeitnehmerin nicht zugegangen ist, wurde die Kündigung nicht wirksam.

Dass die A das Kündigungsschreiben nie zu Gesicht bekommen hat und tatsächlich nicht gelesen hat, ist unerheblich. Der Zugang setzt nicht die Kenntnisnahme voraus; es reicht, wenn die Willenserklärung so in den Machtbereich des Adressaten gelangt, dass nach dem gewöhnlichen Verlauf mit der Kenntnisnahme zu rechnen ist[4].

Diese übliche Umschreibung des Zugangs ist konkretisierungsbedürftig. Was ist der Machtbereich und wann ist nach dem gewöhnlichen Verlauf mit einer Kenntnisnahme zu rechnen? Die Konkretisierung muss sich am Sinn der Regelung orientieren. Der Prüfer will nicht wissen, ob der Kandidat Einzelfälle des Zugangs auswendig gelernt hat. Bewertet wird vielmehr die Argumentation, aus der ein Verständnis für die Rechtsregel hervorgehen muss. Die Regelung des § 130 Abs. 1 Satz 1 BGB verteilt Risiken zwischen Erklärendem und Adressat. Würde die Willenserklärung erst mit tatsächlicher Kenntnisnahme wirksam, würde der Erklärende Risiken tragen, die eigentlich der Sphäre des Adressaten zuzurechnen sind. Der Arbeitgeber könnte einem Arbeitnehmer, der seine Post nicht liest, nicht wirksam kündigen.

Bei der Konkretisierung sollte man die Zugangsformel in ihre Bestandteile zerlegen: Die verkörperte Erklärung muss (1) in den Machtbereich des Empfängers gelangen und (2) er muss unter gewöhnlichen Verhältnissen Kenntnis nehmen können.

---

2 Dass die Kündigung eine Willenserklärung ist, die einem anderen gegenüber abzugeben ist, steht nirgends ausdrücklich im Gesetz. Zur Bestimmung der Empfangsbedürftigkeit siehe *Brehm* AT Rdnr. 153.

3 Zu den Voraussetzungen der Abgabe *Brehm* AT Rdnr. 156.

4 Zum Zugang *Brehm* AT Rdnr. 163.

Das Kündigungsschreiben gelangte zunächst zur Post, der Postbeamte übergab es dem Onkel des A, von dort gelangte es zu deren Mutter, die es an den Arbeitgeber zurücksandte. In den unmittelbaren Machtbereich der A (z. B. Briefkasten) gelangte das Schreiben nie. Es wurde Personen ausgehändigt, die es weiterleiten sollten. Personen, die bei der Übermittlung einer Willenserklärung tätig werden, sind Boten. Dabei sind zwei Arten zu unterscheiden: Erklärungsboten und Empfangsboten. Die Unterscheidung erfolgt danach, wem die Hilfsperson zuzurechnen ist.

Solange sich ein Brief bei der Post befindet, ist er sicher nicht in den Machtbereich des Empfängers gelangt, und die Post hat sicher nicht die Stellung eines Empfangsboten.

Auch die Übergabe an den Onkel bewirkte noch keinen Zugang. Bei der Übergabe an eine Person, welche die Erklärung weiterleiten soll, sind zwei Fragen streng zu scheiden: (1) Ist die betreffende Person dem Adressaten zuzurechnen? und (2) wann liegen die Voraussetzungen für die Möglichkeit der Kenntnisnahme vor? Selbst wenn eine Hilfsperson Empfangsbote ist, ist mit der Übergabe eines Schriftstücks an sie der Zugang noch nicht bewirkt. Nur wenn sich der Bote in den Geschäftsräumen oder der Wohnung befindet, kann man davon ausgehen, dass schon mit der Übergabe eines Briefes der Zugang bewirkt ist. In allen übrigen Fällen geht die Erklärung erst zu, wenn nach dem regelmäßigen Verlauf der Dinge mit einem Eintreffen des Boten in den Wohn- oder Geschäftsräumen des Adressaten zu rechnen ist. Die Zurechnung der Hilfsperson bedeutet nur, dass es nicht mehr darauf ankommt, ob diese tatsächlich das Schreiben weiterleitet. Das Transportrisiko geht auf den Adressaten über. Aber zugegangen ist die Erklärung dennoch erst nach dem Zeitraum, den die Hilfsperson bei sachgerechter Ausübung ihrer Funktion zur Weiterleitung benötigt[5]. Da das Übermittlungsrisiko beim Empfänger liegt, geht die Erklärung in diesem Zeitpunkt auch dann zu, wenn der Bote die Weiterleitung versäumt.

Wo eine Hilfsperson beteiligt ist, sollte man zuerst klären, ob die betreffende Person dem Adressaten zuzurechnen ist. Wenn schon diese Voraussetzung zu verneinen ist, steht fest, dass mit der Übergabe an die betreffende Person noch kein Zugang bewirkt wurde. Dem Adressaten sind zunächst alle Personen zuzurechnen, die von ihm zur Empfangnahme ermächtigt wurden. Das ergibt sich nicht aus dem Gesetz, weil der Empfangsbote nicht geregelt ist. Darüber hinaus nimmt die h. M. an, es seien alle Personen hinzuzurechnen, die nach der Verkehrssitte als ermächtigt gelten, auch wenn sie tatsächlich nicht ermächtigt sind[6]. Der Onkel wurde nicht ermächtigt,

---

5 BGH NJW-RR 1989, 757, 759.

6 Kritisch dazu *Brehm* AT Rdnr. 170; ebenso Köhler AT § 6 Rdnr. 16.

ein Schreiben in Empfang zu nehmen, und nach der Verkehrsanschauung ist von einer Empfangsermächtigung nicht auszugehen. Deshalb ist er nicht Empfangsbote.

Ist es nötig, die Stellung des Onkels zu klären, da die Übergabe außerhalb des Hauses ohnehin noch nicht zum Zugang geführt hätte? Man soll keine unnötigen Probleme wälzen. Hier ist es aber nicht überflüssig, die Frage zu klären, ob der Onkel Bote war. Wäre er als Empfangsbote anzusehen, dann wäre die Erklärung zwar noch nicht mit der Übergabe zugegangen, aber der Zugang wäre in dem Zeitpunkt erfolgt, in dem der Bote die Erklärung ordnungsgemäß weitergeleitet hätte. Alle tatsächlichen Hinderungsgründe, das Schreiben in Empfang zu nehmen, wären unerheblich. Es müsste nur ein gewisser Zeitraum ab der Übergabe an den Onkel hinzugerechnet werden.

Als Empfangsbotin kommt die Mutter der A in Betracht. Da die Mutter nicht ermächtigt wurde, kann sie nur Botin sein, wenn sie nach der Verkehrsanschauung als ermächtigt gilt. Wenn auf die Verkehrsanschauung oder Verkehrssitte abzustellen ist, befindet sich der Bearbeiter einer Klausur manchmal in einer schwierigen Lage: Woher soll er die Verkehrsanschauung kennen? Ein Richter, der etwa einen Handelsbrauch[7] festzustellen hat, kann darüber Beweis erheben. Wo die Verkehrsanschauung maßgeblich ist, müsste eigentlich der Sachverhalt einen Hinweis darauf geben, was üblich ist. Das ist oft nicht der Fall, weil der Begriff der Verkehrsanschauung einen ambivalenten Charakter hat. Manchmal wird auf eine tatsächliche Übung verwiesen, in anderen Fällen sind eher die (berechtigten) Erwartungen der Teilnehmer am Rechtsverkehr angesprochen. Wo letzteres der Fall ist, hat der Begriff der Verkehrsanschauung einen normativen Gehalt[8]. Ob eine Mutter, die im selben Haus wie der Empfänger wohnt, aber einen eigenen Haushalt führt, als Empfangsbotin anzusehen ist, kann sicher nicht mit empirischen Methoden festgestellt werden. Bei der Qualifikation einer Person als Empfangsbote geht es um ein Zurechnungsproblem. Dabei spielen tatsächliche Übungen eine Rolle, aber die Einordnung kann nicht ohne Wertung getroffen werden.

Wo letztlich die Verkehrsanschauung den Ausschlag gibt, sind meistens mehrere Lösungen vertretbar. Deshalb besteht kein Grund, sich allzu zaghaft mit der Frage abzuquälen, was denn der Verkehrssitte entspricht. Man kann sicher mit gutem Grund die Ansicht vertreten, dass jedenfalls erwachsene Personen, die in einem Haushalt wohnen, typischerweise befugt

7 Das ist ein Unterfall der Verkehrssitte.

8 *Larenz*, Methodenlehre, 6. Aufl., 1991, S. 464 rechnet die Verkehrssitte zu »sozialtypischen Verhaltensformen«; darunter versteht er einen *empirischen* Häufigkeitstypus.

sind, Schriftstücke für einen anderen Hausgenossen in Empfang zu nehmen[9]. Die Mutter wohnte aber mit ihrer Tochter nicht im gleichen Haushalt. Ob in diesen Fällen von einer wechselseitigen Ermächtigung auszugehen ist, erscheint fraglich. Da im Bereiche des rechtsgeschäftlichen Verkehrs Rechtssicherheit herrschen muss, liegt es nahe, die Fälle, in denen von einer Ermächtigung kraft Verkehrssitte ausgegangen wird, klar zu umgrenzen[10]. Als Kriterium bietet sich dabei die gemeinsame Wohnung an.

Das Bundesarbeitsgericht[11] vertrat in einem vergleichbaren Fall die Ansicht, die Mutter sei Empfangsbotin. Dabei wurde u. a. darauf abgestellt, dass die Arbeitnehmerin zusammen mit der Mutter Miteigentümerin des Hauses war, im dem sie wohnte. Dagegen kann man mit gutem Grund einwenden, von der Miteigentümerstellung könne nicht auf eine typisch vorliegende Ermächtigung zur Empfangnahme geschlossen werden. Diese Festlegung der Verkehrssitte widerspricht vor allem dem Gebot der Rechtssicherheit. Soll der Erklärende einen Grundbuchauszug einholen, um festzustellen, ob seine Willenserklärung zugeht?

Wenn die Mutter nicht Empfangsbotin war, ging das Schreiben durch Aushändigung an die Mutter nicht zu. Das Verhalten der Mutter ist der A nicht zuzurechnen; deshalb ist es unerheblich, dass die Mutter den Zugang dadurch vereitelt hat, dass sie den Brief nicht an die Tochter weitergab.

Das Bundesarbeitsgericht ging von einer Botenstellung aus und lehnte gleichwohl den Zugang ab. Dabei stellte es darauf ab, dass die Annahmeverweigerung durch einen Empfangsboten nicht dazu führe, dass der Zugang nach Treu und Glauben als bewirkt angesehen werden könne. Die Annahmeverweigerung könne dem Empfänger nicht zugerechnet werden. Dabei hat das Bundesarbeitsgericht übersehen, dass mit der Einordnung der Mutter als Botin die Zurechnungsfrage schon entschieden war. Wenn die Mutter Empfangsbotin war, dann konnte es nicht mehr darauf ankommen, ob sie das Schreiben tatsächlich weiterleitet.

Ergebnis: Die Mutter ist nicht Empfangsbotin. Die erste Kündigung war unwirksam, weil sie nicht zugegangen ist.

---

9 Ein Hinweis für Vorgerückte: Der Richter könnte das Vorliegen der Ermächtigung auch beweisrechtlich mit dem Anscheinsbeweis begründen. Dabei könnte er von der Regel des Lebens ausgehen, nämlich der Ermächtigung, und es wäre Sache desjenigen, der die Ermächtigung bestreitet, die Überzeugung des Richters zu erschüttern.

10 Das ist eine Wertung, die bei der Feststellung einer Verkehrsanschauung zumindest in Grenzfällen herangezogen werden darf und muss.

11 BAG NJW 1993, 1093 = EzA § 130 BGB Nr. 24 mit Anm. *Brehm*.

B. Gutachten

Nach dem Sachverhalt und dem Bearbeitervermerk lag bei der ersten Kündigung ein Kündigungsgrund vor. Problematisch ist deshalb nur, ob die Kündigungserklärung wirksam geworden ist. Als empfangsbedürftige Willenserklärung wurde die Kündigungserklärung wirksam, wenn sie der A zugegangen ist (§ 130 Abs. 1 BGB).

I. Zugang durch Übergabe an den Onkel?

Der Zugang setzt nicht voraus, dass der Adressat den Inhalt der Willenserklärung tatsächlich zur Kenntnis nimmt. Es genügt, dass die verkörperte Erklärung so in den Machtbereich des Adressaten gelangt, dass nach dem gewöhnlichen Verlauf mit ihrer Kenntnisnahme zu rechnen ist. Deshalb ist zu prüfen, ob schon die Übergabe an den Onkel den Zugang bewirkt hat[12].

Die Aushändigung an den Onkel hat den Zugang bewirkt, wenn dieser als Empfangsbote anzusehen ist. Dass für den Zeitpunkt des Zugangs noch ein Zeitraum hinzuzurechnen ist, bis nach dem gewöhnlichen Verlauf die Willenserklärung vom Boten abgeliefert wird, spielt keine Rolle, weil dieser Zeitraum auf jeden Fall verstrichen wäre.

Empfangsboten sind Personen, die vom Adressaten ermächtigt sind, Willenserklärungen in Empfang zu nehmen. Der Sachverhalt gibt keinen Anhaltspunkt dafür, dass der Onkel von der A ermächtigt wurde. Das schließt jedoch die Boteneigenschaft des Onkels noch nicht aus, denn nach h. M. sind Empfangsboten auch die Personen, welche nach der Verkehrsanschauung als ermächtigt anzusehen sind, Erklärungen entgegenzunehmen. Die Verwandtschaftsbeziehung ist keine ausreichende Grundlage für eine solche »Ermächtigung durch Verkehrssitte«.

Durch Einordnung einer Person als Empfangsbote wird diese dem Adressaten zugerechnet. Mit dieser Zurechnung sind Nachteile für ihn verbunden, wenn etwa ein Schriftstück nicht weitergeleitet wird. Deshalb darf der Kreis der kraft Verkehrssitte Ermächtigten nicht zu weit gezogen werden. Es ist auch nicht üblich, alle Verwandten zur Empfangnahme von Willenserklärungen zu ermächtigen.

Deshalb scheidet der Onkel als Bote aus. Der Zugang kann daher nicht mit der Überlegung begründet werden, die Erklärung sei dem Onkel über-

12 In der Regel braucht man nicht zu erläutern, weshalb etwas geprüft wird. Hier ist eine solche Einleitung vertretbar. Man könnte aber auch gleich mit dem zweiten Absatz beginnen.

geben worden und auf die tatsächliche Weiterleitung komme es nicht an, da das Risiko auf die Adressatin übergegangen sei.

II. Die Mutter als Botin?

Die Kündigung ist zugegangen, wenn die Mutter der A, welcher der Brief ausgehändigt wurde, als Botin anzusehen ist. Dass die Mutter den Brief nicht weitergeleitet hat, sondern an den Arbeitgeber zurücksandte, spielt keine Rolle, weil ab der Übergabe eines Schriftstücks (verkörperte Willenserklärung) an den Empfangsboten das Transportrisiko auf den Adressaten übergeht.

Die Mutter war zur Empfangnahme nicht ausdrücklich ermächtigt. Deshalb kann ihre Botenstellung nur mit der Überlegung begründet werden, sie sei nach der Verkehrssitte als ermächtigt anzusehen, Erklärungen für die Tochter in Empfang zu nehmen. Wenn Eltern mit ihren erwachsenen Kindern in einer Hausgemeinschaft leben, ist davon auszugehen, dass sie Schriftstücke in Empfang nehmen dürfen. Dies entspricht auch der allgemeinen Praxis und somit der Verkehrssitte.

Die Frage ist, ob dies auch dann gilt, wenn wie hier getrennte Haushalte geführt werden. Für die Frage, ob ein Zugang wirksam ist, sollten klare, eindeutig feststellbare Kriterien maßgeblich sein, da im rechtsgeschäftlichen Verkehr der Rechtssicherheit ein hoher Stellenwert zukommt. Als klares Kriterium ist der gemeinsame Haushalt anzunehmen. In diesen Fällen kann mit hinreichender Sicherheit eine Ermächtigung unterstellt werden. Das bloße Wohnen im selben Haus reicht dafür nicht. Deshalb ist die Mutter nicht als Empfangsbotin der A anzusehen. Die Übergabe des Kündigungsschreibens an die Mutter konnte deshalb den Zugang nicht bewirken. Ein Zugang wäre nur dann anzunehmen, wenn das Schriftstück von der Mutter in den Briefkasten der A gelegt worden wäre.

Die Mutter hat den Brief aber nicht weitergeleitet, sondern an den Arbeitgeber zurückgeschickt. Somit ist der Brief nie in den Machtbereich der A gelangt und deshalb auch nicht zugegangen. Da das Kündigungsschreiben nicht zugegangen ist, wurde es nach § 130 Abs. 1 BGB nicht wirksam.

III. Ergebnis

Da die Kündigungserklärung nicht zuging, wurde sie nicht wirksam.

Fall 4 [Das Lexikon]

Der 16-jährige V ist Eigentümer eines Lexikons. Weil er es selten benutzt, schließt er am 1. 6. mit K einen schriftlichen Kaufvertrag über das Buch ab. Als Kaufpreis vereinbaren V und K 60,– Euro. V übergibt das Lexikon gegen Barzahlung an K.

Am Abend erzählt V seinen Eltern stolz von dem Geschäft. Da das Lexikon nur 50,– Euro gekostet hat, loben die Eltern ihren geschäftstüchtigen Sprößling, dem es gelungen ist, ein gebrauchtes Lexikon über dem Neupreis zu verkaufen.

K verkauft das Lexikon am 10. 6. weiter an X. Die Übereignung ist für den 1. 7. geplant.

Da K nicht sicher ist, ob V volljährig ist, fordert er am Abend des 12. 6. die Eltern des V telefonisch auf, ihr Einverständnis zu dem Geschäft mit V zu geben. Weil sich die Eltern über die Störung durch den Telefonanruf und den etwas barschen Ton des K ärgern, erklären sie, dass sie das Geschäft ihres minderjährigen Sohnes nicht billigen.

K unterrichtet den X über die Umstände und stellt sich auf den Standpunkt, der Kaufvertrag vom 10. 6. sei nun hinfällig, da er nicht Eigentümer des Lexikons sei.

1. *Welche Ansprüche hat V gegen K?*
2. *Hat K einen Anspruch auf Rückzahlung des Kaufpreises?*
3. *Ist die Ansicht des K, der Kaufvertrag mit X sei hinfällig, richtig?*

A. Sachverhaltsskizze

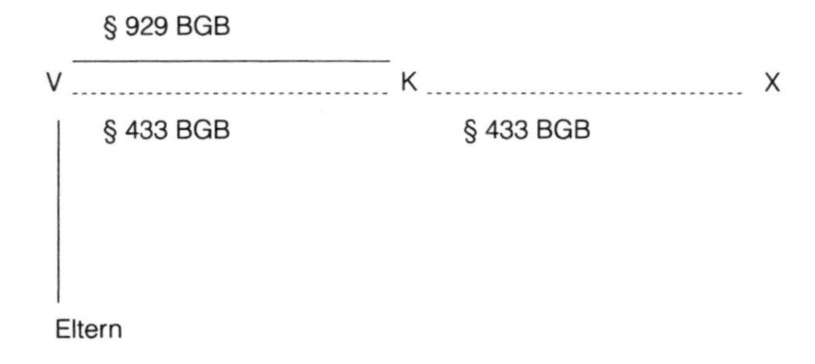

B. Zeitplan

1. 6.	Kaufvertrag V – K; Übergabe; Zahlung des Kaufpreises
1. 6.	Lob der Eltern (Billigung)
10. 6.	Kaufvertrag zwischen K und X
12. 6.	Aufforderung zur Genehmigung; Verweigerung der Genehmigung

C. Vorüberlegungen

I. Anspruch V gegen K (Rückgabe des Lexikons)

1. Die Anspruchsgrundlage

Um die in Betracht kommenden Anspruchsgrundlagen zu finden, muss man sich dem Problem des Falles nähern: Ein Minderjähriger hat etwas verkauft und die Frage ist, ob er die Kaufsache zurückfordern kann. Wenn eine Sache aufgrund eines wirksamen Kaufvertrags übergeben und übereignet wird, kann der Verkäufer die Kaufsache sicher nicht zurückverlangen, denn es gehört zu den wesentlichen Pflichten des Verkäufers, dem Käufer Besitz[1] und Eigentum an der Sache zu verschaffen (§ 433 Abs. 1 Satz 1 BGB). Eine Rückgabepflicht kommt nur in Betracht, wenn ein Rücktritt erklärt wurde (§ 346 BGB) oder wenn der Kaufvertrag unwirksam ist. Da für einen Rücktritt keine Anhaltspunkte ersichtlich sind, kommen Ansprüche in Betracht, die bei Unwirksamkeit des Kaufvertrags bestehen. Schon bei der Suche nach der Anspruchsgrundlage muss man die schuldrechtliche Ebene von der dinglichen streng trennen. Denkbar ist eine rein schuldrechtliche Abwicklung. Der Anspruch auf Rückgewähr einer Leistung, die aufgrund eines nichtigen Vertrags erbracht wurde, ergibt sich aus § 812 Abs. 1 Satz 1 Alt. 1 BGB. Es kommt aber auch ein sachenrechtlicher Herausgabeanspruch in Betracht, wenn nicht nur der Kaufvertrag unwirksam war, sondern auch die Übereignung. Der Eigentümer kann vom Besitzer Herausgabe der Sache nach § 985 BGB verlangen. Die beiden Ansprüche schließen sich wechselseitig nicht aus; sie können nebeneinander bestehen. Man spricht von Anspruchskonkurrenz. Zu beachten ist freilich, dass der Inhalt des Bereicherungsanspruchs nach § 812 Abs. 1 Satz 1 Alt. 1 BGB davon abhängt, ob

1 Die Umgangssprache unterscheidet nicht zwischen Besitz und Eigentum. In der Rechtssprache bedeutet Besitz nur die tatsächliche Gewalt über die Sache (§ 854 Abs. 1 BGB). Auch ein Dieb hat Besitz, aber er ist natürlich nicht Eigentümer.

wirksam übereignet wurde. Wenn die Übereignung wirksam war, kann V Rückübereignung verlangen. War die Übereignung dagegen unwirksam, scheidet eine Rückübereignung aus, der Käufer muss nur den Besitz herausgeben, den er erlangt[2] hat. Da sowohl § 812 BGB als auch § 985 BGB in Betracht kommen, muss man entscheiden, mit welchem Anspruch die Prüfung beginnen soll. Bei den Vorüberlegungen sollte man sich keinesfalls zwanghaft durch Aufbauschemata einengen lassen, die lehren, dass dingliche Ansprüche vor bereicherungsrechtlichen zu prüfen sind[3]. Hier empfiehlt es sich, mit § 985 BGB zu beginnen, weil dabei die dingliche Rechtslage geklärt wird. Auf die Überlegungen zu § 985 BGB kann man bei § 812 BGB zurückgreifen, wenn es gilt, den Anspruchsinhalt zu bestimmen[4]. Wenn man erkannt hat, dass bei beiden Ansprüchen die Frage nach dem Eigentum eine Rolle spielt, kann man bei den Vorüberlegungen auch zunächst die dingliche Rechtslage prüfen, ohne dabei einen Bezug zu einer bestimmten Anspruchsgrundlage herzustellen.

II. Anspruch nach § 985 BGB

1. Übereignung nach § 929 Satz 1 BGB

Ein Herausgabeanspruch nach § 985 BGB setzt voraus, dass V Eigentümer und K Besitzer ist. Ursprünglich war V Eigentümer. Zu prüfen ist daher, ob er sein Eigentum durch Übertragung auf K verloren hat. Wenn zu prüfen ist, ob eine Übereignung wirksam ist, sollte man seinen Scharfsinn nur auf diese Frage verwenden. Nach dem Trennungs- und Abstraktionsprinzip sind Kaufvertrag und Übereignung selbständige Rechtsgeschäfte, deren Wirksamkeit unabhängig voneinander zu beurteilen sind. Also sollte man alle Probleme, die der Kaufvertrag aufwirft, zunächst einmal ausklammern.

Bevor man sich mit einem Nichtigkeitsgrund auseinandersetzt, stellt man zunächst einmal fest, ob der Übereignungstatbestand überhaupt vorliegt. Würde er nicht vorliegen, käme dem Umstand, dass V minderjährig war, keine Bedeutung zu. Die Übereignung beweglicher Sachen setzt voraus, dass sich der bisherige Eigentümer mit dem Erwerber über die Übereignung einigt (dinglicher Vertrag) und die Sache dem Erwerber vom Eigentümer übergeben wird (§ 929 Satz 1 BGB).

2 Nach § 812 BGB ist das »Erlangte« herauszugeben.
3 Dazu oben Teil 1, VI 8.
4 Ein Beginn mit § 812 BGB würde kaum Nachteile bringen.

a) Übergabe

Dass eine Übergabe vorliegt, ergibt sich aus dem Sachverhalt. Aber man könnte fragen, ob der Minderjährige die Übergabehandlung wirksam vornehmen konnte. Die Übergabe setzt einen Besitzwechsel voraus, der von beiden Seiten gewollt ist. Ist der Wille eines Minderjährigen, der ohne Zustimmung der Eltern handelt (dies soll hier unterstellt werden, weil man nicht alle Fragen auf einmal prüfen kann), überhaupt rechtlich relevant? Die Vorschriften der §§ 104 ff. BGB beziehen sich auf Willenserklärungen. Ob sie anwendbar sind, hängt davon ab, wie die Besitzübertragung zu qualifizieren ist[5]. Die Übergabe nach § 854 Abs. 1 BGB ist keine Erklärung, durch die eine Rechtsfolge herbeigeführt werden soll, sondern ein Realakt. Daran ändert auch die Tatsache nichts, dass sie einen Übergabewillen voraussetzt. Ob ein relevanter Wille vorliegt, hängt davon ab, ob eine natürliche Einsichtsfähigkeit vorliegt. Anders verhält es sich übrigens bei der Besitzübertragung nach § 854 Abs. 2 BGB. Hier ist eine Einigung, also ein Vertrag nötig, der den Vorschriften über die Rechtsgeschäfte unterworfen ist.

Die Übergabe wurde wirksam vollzogen. Das Alter des V spielt hier keine Rolle.

b) Einigung

Über die Einigung nach § 929 Satz 1 BGB steht nichts im Sachverhalt. Es wäre natürlich falsch, daraus ohne nähere Prüfung zu schließen, es liege keine Einigung vor. Die Einigung ist ein dinglicher Vertrag, der aus Willenserklärungen besteht. Wo rechtsgeschäftliches Handeln in Frage steht, muss das Verhalten ausgelegt werden. § 929 Satz 1 BGB setzt nicht voraus, dass die Beteiligten ausdrücklich ihre Einigung erklären. Es genügt eine konkludente Einigung. Wenn jemand eine Sache gegen Barzahlung übergibt, bringt er damit zum Ausdruck, dass er das Eigentum übertragen will. Es ist deshalb von einer Einigung zwischen V und K auszugehen. Der dingliche Vertrag liegt vor; ob er auch wirksam ist, ist damit noch nicht entschieden.

2. Einwendung

Auf die Einigung sind die §§ 106 ff. BGB anzuwenden. Bei den Vorüberlegungen empfiehlt es sich, den Fall nach der historischen Methode[6] zu prü-

5 Zur Einteilung der Rechtshandlungen *Brehm* AT Rdnr. 91 ff.

6 Dazu oben Teil 1, IV.

fen. Aber zunächst muss man die maßgebliche Norm, auf die es ankommt, herausgreifen. Es geht um die Wirksamkeit eines Vertrags. Der Vertrag des beschränkt Geschäftsfähigen ist in § 108 BGB geregelt. Danach ist der Vertrag schwebend unwirksam, wenn er ohne die erforderliche Einwilligung der gesetzlichen Vertreter geschlossen wurde. Erforderlich ist die Einwilligung nach §§ 106, 107 BGB beim beschränkt Geschäftsfähigen, wenn er durch das Rechtsgeschäft nicht lediglich einen rechtlichen Vorteil erlangt. Die dingliche Übereignung ist Bestandteil des Übereignungstatbestandes, durch den das Eigentum auf den Erwerber übergeht. Der damit verbundene Verlust des Eigentums ist ein rechtlicher Nachteil.

V handelte zunächst ohne Zustimmung der gesetzlichen Vertreter, das sind die Eltern (§§ 1629, 1629 Abs. 1 BGB). Die Einigungserklärung war deshalb zunächst nach § 108 Abs. 1 BGB schwebend unwirksam, d. h. ihre Wirksamkeit hing von der Genehmigung ab.

Eine ausdrückliche Genehmigung der Eltern ergibt sich aus dem Sachverhalt nicht. Aber auch hier gilt es zu beachten, dass die Genehmigung eine rechtsgeschäftliche Erklärung ist, die nicht ausdrücklich erklärt werden muss. Es genügt jedes Verhalten, das als Zustimmung ausgelegt werden kann. Bei der empfangsbedürftigen Willenserklärung kommt es darauf an, wie der Adressat die Erklärung verstehen musste. Adressat war der Sohn, dem gegenüber die Genehmigung auch erklärt werden konnte (§ 182 Abs. 1 BGB); dazu oben S. 31. Dieser musste das Lob seiner Geschäftstüchtigkeit als Zustimmung verstehen. Es liegt deshalb eine Genehmigung vor und es ist zunächst einmal K Eigentümer geworden.

Die schon erteilte Genehmigung wird nach § 108 Abs. 2 BGB unwirksam, wenn »der andere Teil«, das ist hier K, die gesetzlichen Vertreter zur Erklärung über die Genehmigung auffordert. Der wirksam gewordene Vertrag wird wieder schwebend unwirksam. K forderte die Eltern des V auf, sich über die Genehmigung zu erklären. Damit wurde die schon erteilte Genehmigung unwirksam. Der Vertrag wurde schwebend unwirksam und durch die Verweigerung der Genehmigung nichtig[7]. Dass die Eltern aus Verärgerung über die Störung das Geschäft missbilligen, spielt keine Rolle. Entscheidend ist, was die Eltern erklärt haben, ihre Motive sind unerheblich.

Da keine wirksame Einigung im Sinne des § 929 Satz 1 BGB vorliegt, ist K nicht Eigentümer geworden. V ist weiterhin Eigentümer.

---

7 Das bedeutet: endgültig unwirksam.

3. Ergebnis zu § 985 BGB

Da V Eigentümer und K Besitzer ist (zum Besitzerwerb siehe oben 1 b), sind die Anspruchsvoraussetzungen des § 985 BGB zunächst einmal erfüllt.

III. Einwendung nach § 986 Abs. 1 Satz 1 BGB?

Immer wenn der Herausgabeanspruch nach § 985 BGB zu prüfen ist, muss man an den möglichen Ausschluss des Anspruches nach § 986 Abs. 1 Satz 1 BGB wegen eines Besitzrechts denken. § 985 BGB stellt nur auf die sachenrechtliche Rechtslage ab. Der Besitz, der dem Eigentümer zusteht, soll wieder zu diesem gelangen. Die sachenrechtliche Zuordnung kann von schuldrechtlichen Verträgen überlagert sein. Wenn jemand sein Haus vermietet, kann er anschließend nicht Räumung mit der Begründung verlangen, er sei Eigentümer und ihm stehe der Besitz zu. Das Räumungsverlangen würde grob gegen die Pflichten aus dem Mietvertrag verstoßen[8].

So könnte man auch hier die Frage stellen, ob die sachenrechtliche Zuordnung schuldrechtlich durch den Kaufvertrag überlagert ist. Immerhin muss der Verkäufer dem Käufer den Besitz verschaffen. Damit unvereinbar ist es, wenn er die Sache, die sich schon beim Käufer befindet, herausverlangt. Trotz des Trennungs- und Abstraktionsprinzips gelangt man im Rahmen des § 986 Abs. 1 Satz 1 BGB zur Frage, ob der Kaufvertrag wirksam ist.

Für den Kaufvertrag gelten die Überlegungen, die oben zur dinglichen Einigung angestellt wurden. Auch der Kaufvertrag wurde zunächst durch Genehmigung wirksam und durch die Verweigerung der Zustimmung nach der Aufforderung durch K nichtig. Somit kann sich K nicht auf § 986 Abs. 1 Satz 1 BGB berufen.

Ergebnis: V kann von K Herausgabe des Lexikons verlangen.

Gegen den Herausgabeanspruch könnte K u. U. ein Zurückbehaltungsrecht geltend machen. Dabei ist die Sondervorschrift des § 1000 Satz 1 BGB zu beachten.

Die Frage ist jedoch, ob man darauf überhaupt eingehen muss. Ein Zurückbehaltungsrecht erzeugt als Gestaltungsrecht erst Rechtsfolgen, wenn es ausgeübt wurde. Da aus dem Sachverhalt die Ausübung des Zurückbehaltungsrechts nicht hervorgeht und nach dem Bestehen nicht gefragt ist, sind Ausführungen zum Zurückbehaltungsrecht überflüssig. Es gibt allerdings Lehrpersonen, die meinen, man müsse ungefragt die Durchsetzbarkeit eines Anspruchs prüfen, selbst wenn Einreden nicht geltend gemacht

---

8 Zu beachten ist, dass bei § 986 BGB nicht nur ein Besitzrecht aus einem Schuldverhältnis in Betracht kommt. In unserem Fall kommen aber andere Grundlagen nicht in Betracht.

sind. Deshalb empfiehlt es sich, den Übungsleiter zu fragen, welchen Prüfungsumfang er erwartet. Man sollte von ihm verlangen, klare und eindeutige Fragen zu stellen.

IV. Anspruch nach § 812 Abs. 1 Satz 1 Alt. 1 BGB

Es kommt ein Anspruch auf Herausgabe (Rückgabe des Besitzes) in Betracht.

Da K nicht Eigentümer ist, scheidet ein Rückübereignungsanspruch aus.

V hat das Lexikon in Erfüllung des Kaufvertrags übergeben. Das ist eine Leistung i. S. des § 812 Abs. 1 Satz 1 BGB. Die Leistung erfolgte auch ohne Rechtsgrund, weil der Kaufvertrag, der allein als Rechtsgrund in Frage kommt, nichtig ist.

Somit muss K das Erlangte herausgeben. Erlangt ist der Besitz, den K durch die Übergabe erworben hat.

Fortgeschrittene haben den Anspruchsinhalt genauer zu begründen und darzulegen, dass die Saldotheorie, die zur Leistung Zug um Zug führen könnte, hier keine Anwendung findet (siehe dazu die Ausführungen im Gutachten).

Nachdem die Ansprüche geprüft sind, kann man sich überlegen, in welcher Reihenfolge sie im Gutachten zweckmäßigerweise dargestellt werden. Natürlich kann man sich das Denken sparen, wenn man einfach der Faustregel folgt, dingliche Ansprüche seien vor bereicherungsrechtlichen Ansprüchen zu prüfen. Es ist aber reizvoll, einmal an einem konkreten Beispiel zu prüfen, was die Faustregel taugt.

Beginnt man mit § 812 BGB, hat man die Übereignung beim Anspruchsinhalt zu prüfen. Eine unübersichtliche Verschachtelung entstünde dadurch nicht. Deshalb wäre es ungehörig, wenn ein Prüfer den Aufbau rügen würde.

V. Anspruch auf Rückzahlung des Kaufpreises

Als Anspruchsgrundlage kommt wieder § 812 Abs. 1 Satz 1 Alt. 1 BGB in Betracht. § 985 BGB scheidet aus, da bei der Übereignung des Geldes ein rechtlich vorteilhaftes Geschäft vorlag, das V ohne Zustimmung der Eltern vornehmen konnte.

Da K das Geld als Kaufpreis hingegeben hat, liegt eine Leistung i. S. des § 812 BGB vor. Rechtsgrund sollte der Kaufvertrag sein. Wie oben ausgeführt, ist der Kaufvertrag nichtig; die Leistung erfolgte deshalb ohne Rechtsgrund.

Man könnte überlegen, ob es für den Bereicherungsanspruch überhaupt darauf ankommt, dass der Kaufvertrag nichtig ist. Die Zahlung zum Zwecke der Erfüllung hätte bei Wirksamkeit des Kaufvertrags den K nicht von seiner Schuld befreit, weil ein Minderjähriger keine Empfangszuständigkeit hat. Leistet der Schuldner an den nicht Empfangszuständigen, kann er seine Leistung auf jeden Fall zurückfordern[9]. Bei dieser Begründung könnte man die Wirksamkeit des Kaufvertrags offenlassen: Entweder ist der Kaufvertrag unwirksam, dann liegt eine rechtsgrundlose Leistung vor, oder er ist wirksam, dann wurde die vertragsmäßige Leistung nicht vom Empfangszuständigen angenommen. Solche Begründungen sollte man vermeiden, wenn die Rechtsfrage, die dabei ausgeklammert wird, schon beantwortet ist. Dann bringt diese Begründungstechnik keinen Vorteil.

Bevor man eine Frage unerörtert lässt, sollte man bei Prüfungsarbeiten überlegen, ob damit die Substanz des Falles verlorengeht. Der Aufgabensteller übersieht manchmal nicht alle Begründungswege. Wenn der Fall darauf hindeutet, dass ein bestimmtes Problem verpackt wurde, sollte man den Aufgabensteller nicht auf seine Unzulänglichkeit hinweisen, indem man nachweist, dass es auf sein Problem überhaupt nicht ankommt.

VI. Der Vertrag zwischen K und X

1. Fragestellung

K vertritt die Ansicht, der Vertrag sei »hinfällig«. Darunter kann man Unterschiedliches verstehen. Bei einem Fall, der beim Bearbeiter nur Kenntnisse im Allgemeinen Teil des BGB voraussetzt, kann man davon ausgehen, dass es um die Wirksamkeit des Vertrags geht. Studenten, die sich schon mit Schuldrecht befasst haben, könnten der Frage nachgehen, ob eine Leistungsstörung vorliegt, die zur Befreiung führt.

2. Der Vertrag

Anhaltspunkte dafür, dass das Rechtsgeschäft zwischen K und X mit Fehlern behaftet war, gibt es nicht. Die Tatsache, dass K das Eigentum rückwirkend verloren hat, ist für die Gültigkeit des Schuldvertrags unerheblich. Der Schuldvertrag setzt im Gegensatz zum Verfügungsgeschäft keine Verfügungsbefugnis voraus[10].

Deshalb kommt es nicht auf die Eigentümerstellung an[11].

---

9 Siehe dazu *Brehm* AT Rdnr. 291.

10 Dazu *Brehm* AT Rdnr. 111.

11 Die Begründung beschränkt sich auf allgemeine Erwägungen. Die Rechtslage bei anfänglicher Unmöglichkeit, die hier vorliegen könnte, wird ausgespart.

D. Gutachten

I. Ansprüche des V gegen K

1. Herausgabeanspruch nach § 985 BGB

V kann Herausgabe des Lexikons verlangen, wenn er Eigentümer und K unrechtmäßiger Besitzer ist.

Ursprünglich war V Eigentümer. Er ist Eigentümer geblieben, wenn er das Buch nicht wirksam an K übereignet hat. Voraussetzung für die Übereignung einer beweglichen Sache[12] sind Einigung und Übergabe (§ 929 Satz 1 BGB).

a) Übergabe

Eine Übergabe liegt nach dem Sachverhalt vor[13]. Dass V erst 16 Jahre alt und somit beschränkt geschäftsfähig ist (§ 106 BGB), ist für die Wirksamkeit der Übergabe unerheblich, weil sie Realakt ist. Die §§ 106 ff. BGB gelten nur für Rechtsgeschäfte und rechtsgeschäftsähnliche Handlungen.

b) Einigung

V und K waren sich auch über den Eigentumswechsel einig. Die Einigung könnte aber unwirksam sein, weil V als 16-Jähriger beschränkt geschäftsfähig ist (§ 106 BGB). Der Vertrag eines beschränkt Geschäftsfähigen bedarf der Zustimmung der gesetzlichen Vertreter, wenn er dem Minderjährigen nicht lediglich einen rechtlichen Vorteil[14] bringt (§§ 107, 108 Abs. 1 BGB). Die Eltern haben das Geschäft konkludent genehmigt, indem sie den Sohn wegen des Geschäftes lobten[15]. Die Genehmigung wurde aber nach § 108 Abs. 2 Satz 1 BGB unwirksam, da K die Eltern am 12. 6. aufforderte, ihr Einverständnis zu erklären. Diese Aufforderung ist der Aufforderung zur

---

12 Es wäre verfehlt, hier zu begründen, dass ein Buch eine bewegliche Sache ist. Der Leser des Gutachtens wird verärgert, wenn er darüber belehrt wird, dass Bücher keine Grundstücke sind.

13 Hier wird der Urteilsstil verwendet, bei dem das Ergebnis am Anfang steht. Man sollte immer dann im Urteilsstil begründen, wenn die Begründung kurz ausfällt. Wenn bei leicht zu beantwortenden Fragen gewaltsam der Gutachtenstil eingehalten wird (fraglich ist, ob ...), kann das leicht lächerlich wirken, weil die Behauptung, es liege ein Problem vor, im Nachsatz, der die kurze Begründung liefert, im Grunde dementiert wird.

14 Dass nach h. M. ein neutrales Geschäft genügt, muss man nicht ausführen, weil ein derartiger Fall hier nicht vorliegt.

15 Auch hier wäre es unangemessen, ängstlich am Gutachtenstil festzuhalten.

Erklärung über die Genehmigung gleichzusetzen. Zugleich erklärten die Eltern, sie missbilligten das Geschäft. Darin liegt eine Verweigerung der Genehmigung, die zur Nichtigkeit des Rechtsgeschäfts führt.

Da die Einigung nichtig ist, wurde K nicht Eigentümer nach § 929 Satz 1 BGB.

2. Einwendung nach § 986 Abs. 1 Satz 1 BGB

Der Anspruch nach § 985 BGB ist nicht nach § 986 BGB ausgeschlossen[16], weil K kein Recht zum Besitz hat. Ein Besitzrecht könnte sich allenfalls aus dem zwischen V und K abgeschlossenen Kaufvertrag ergeben. Dieser ist aber ebenfalls nichtig, weil V beschränkt geschäftsfähig ist und die Eltern auch die Genehmigung zum Kaufvertrag verweigert haben[17].

3. Ergebnis

V hat einen Anspruch auf Herausgabe des Buches nach § 985 BGB.

II. Anspruch nach § 812 Abs. 1 Satz 1 Alt. 1 BGB

V hat gegen K einen Herausgabeanspruch nach § 812 Abs. 1 Satz 1 Alt. 1 BGB, wenn die Übertragung des Besitzes am Buch eine rechtsgrundlose Leistung war.

Unter Leistung versteht man die gewollte, zweckgerichtete Vermehrung fremden Vermögens. Dabei ist der Begriff des Vermögens weit zu fassen; auch der Besitz fällt unter das Vermögen. Die Übertragung des Besitzes war zweckgerichtet, weil V den Kaufvertrag erfüllen wollte. Da der Kaufvertrag unwirksam war, hatte K keinen Anspruch auf Besitzübertragung nach § 433 Abs. 1 BGB. Die Leistung war deshalb rechtsgrundlos.

Nach der Saldotheorie werden die Ansprüche bei der Rückabwicklung gegenseitiger Verträge inhaltlich eingeschränkt. Bei gleichartigen Leistungen kann jeder nur Leistung Zug um Zug verlangen. Diese Einschränkung ist hier nicht zu beachten, weil V minderjährig war. Bei Minderjährigen wird die Saldotheorie nicht angewandt[18].

---

16 Wegen der kurzen Begründung ist auch hier der Urteilsstil vorzuziehen.

17 Hier muss man sorgfältig formulieren. Es darf beim Leser nicht der Eindruck erweckt werden, man habe das Abstraktionsprinzip nicht verstanden. Es muss deutlich gemacht werden, dass die Nichtigkeit des Kausalgeschäfts gesondert geprüft wird, auch wenn diese Prüfung kurz ausfallen kann, weil Fehleridentität vorliegt.

18 Diese Ausführungen würden in einer Anfängerklausur selbstverständlich nicht erwartet.

III. Anspruch des K auf Rückzahlung des Kaufpreises

K zahlte zur Erfüllung des Kaufvertrags an V 60,– Euro. Da der Kaufvertrag nichtig ist (s. oben I 2), erfolgte diese Leistung rechtsgrundlos und ist nach § 812 Abs. 1 Satz 1 Alt. 1 BGB zurückzugewähren[19]. Selbst wenn der Kaufvertrag wirksam gewesen wäre, bestünde ein Bereicherungsanspruch, weil V als beschränkt Geschäftsfähiger nicht empfangszuständig war.

IV. Vertrag zwischen K und X

Aus dem Sachverhalt ergeben sich keine Einzelheiten zum Vertragsschluss und Nichtigkeitsgründe sind nicht ersichtlich. Allein die Tatsache, dass K nicht Eigentümer war und somit einen Kaufvertrag über eine fremde Sache abschloss, ist unerheblich. Verpflichtungsgeschäfte setzen keine Verfügungsbefugnis voraus.

---

19 An dieser Stelle ist der Urteilsstil vorzuziehen, weil die allein problematische Frage nach der Wirksamkeit des Vertrags schon an anderer Stelle geklärt wurde.

Fall 5 [Die Mietverträge]

Student S sucht für das bevorstehende Semester ein Appartement. Er gibt deshalb eine Annonce in der örtlichen Tageszeitung mit folgendem Text auf: »Student, Nichtraucher, ohne Anhang und solide sucht Appartement; Mietpreis bis zu 400,– Euro«. Aufgrund der Annonce bekommt er von dem Hauseigentümer H ein Schreiben, dem das Formular eines Mietvertrags beigelegt ist. Das Formular ist nicht ausgefüllt und nicht von H unterzeichnet. Eine ausführliche Beschreibung der Wohnung und der Mietpreis sind im Begleitschreiben enthalten. S unterzeichnet den Vertrag und lässt ihn zunächst auf seinem Schreibtisch liegen. Am nächsten Tag meldet sich Makler M, der im Auftrag des V tätig ist. Er bietet S eine Wohnung für 300,– Euro an und verabredet sich mit ihm zu einem Besichtigungstermin, den S auch wahrnimmt. S ist von der angebotenen Wohnung begeistert und erklärt, er nehme die Wohnung. M erwidert, die Sache gehe in Ordnung, übergibt S ein Vertragsformular und bittet ihn, den Vertrag unterzeichnet an V zu senden, den er über die Wohnungsvermittlung informiert. Auch in diesem Vertrag waren keine Angaben über das Mietobjekt enthalten. S unterzeichnet den Vertrag und legt ihn zur unerledigten Post auf seinen Schreibtisch. Er bittet seine Zimmervermieterin Z, den Mietvertrag, der auf seinem Schreibtisch liegt, wegzusenden. Die Z findet beide Mietverträge und schickt sie weg, weil sie meint, das entspreche ihrem Auftrag.

Beide Vermieter, die ihre Unterschrift auf die zurückgeschickten Verträge setzten und S eine Kopie übersenden, stellen sich auf den Standpunkt, S habe einen Mietvertrag mit ihnen geschlossen.

Wie ist die Rechtslage?

A. Vorüberlegungen

I. Fragestellung

Wenn nur nach der Rechtslage gefragt ist, muss die Fragestellung besonders sorgfältig geprüft werden. Die recht unbestimmte Frage nach der Rechtslage lässt sich meist durch den Kontext präzisieren. Wo dies nicht der Fall ist, hat der Aufgabensteller schlechte Arbeit geleistet. Hier stellen sich die Vermieter auf den Standpunkt, S habe einen Mietvertrag mit ihnen geschlossen. Vor diesem Hintergrund ist davon auszugehen, dass im Gutachten geklärt werden soll, ob die Verträge zustandegekommen sind. Falls ein Vertrag zwar wirksam, aber anfechtbar ist, muss das Gutachten hierauf eingehen, wenn nur allgemein nach der Rechtslage gefragt ist.

Schon bei den Vorüberlegungen sollten die beiden Vertragsschlüsse getrennt behandelt werden.

II. Vertrag zwischen H und S

1. Die Annonce als invitatio ad offerendum

Ein Vertrag setzt korrespondierende Willenserklärungen voraus, die beim Distanzgeschäft Antrag und Annahme genannt werden. Zu prüfen ist zunächst, ob schon die Annonce ein Angebot darstellt. Dass sie nicht an einen bestimmten Adressaten gerichtet ist, steht der Qualifizierung als Antrag nicht entgegen, weil Anträge auch an einen unbestimmten Personenkreis gerichtet werden können.

Ob die Erklärung des Anzeigetextes eine Offerte ad incertas personas enthält, ist ausschließlich eine Frage der Auslegung. Deshalb wäre es falsch, wenn das Angebot mit der Begründung verneint würde, Schaufensterauslagen und Zeitungsannoncen stellten kein Angebot dar. Wer eine derartige Begründung liefert, zeigt, dass er noch nicht verstanden hat, worum es im Studium geht. Studenten sollen nicht auswendig lernen, wie Zeitungsannoncen einzuordnen sind, sie sollen fähig sein, eine Begründung dafür zu liefern, weshalb in der Regel die Zeitungsannonce noch keine Offerte darstellt. Maßgeblich ist die Verkehrssitte und wie die Annonce redlicherweise von demjenigen, der sie liest, verstanden werden muss (§ 133 BGB). Will der Urheber der Annonce bereits ein verbindliches Angebot abgeben, so dass durch eine Annahmeerklärung schon der Vertrag zustandekommt, oder will er die Zeitungsleser nur auffordern, ihm Angebote zu schicken? Bei einem gewöhnlichen Anzeigetext ist von letzterem auszugehen. Das lässt sich mit den Konsequenzen begründen, die eine andere Auslegung nach sich ziehen würde. Wäre die Annonce bereits ein verbindliches Angebot gegenüber einem unbestimmten Personenkreis, kämen mehrere Verträge zustande, wenn das Angebot von mehreren Vermietern angenommen würde. Das kann ein ruinöses Ergebnis für den Mieter sein, der zahllose Mietverträge erfüllen müsste. Wer diese Konsequenz bedenkt, wird nicht davon ausgehen, dass ein Wohnungssuchender mit seiner Zeitungsannonce ein derartiges Risiko eingehen wollte. Damit steht allerdings nur fest, dass kein uneingeschränktes Angebot an einen unbestimmten Personenkreis vorliegt. Man könnte die eben geschilderten unliebsamen Konsequenzen auch durch Auslegung umgehen, ohne dabei die Annahme zu verwerfen, es liege bereits ein Angebot vor. Wo ein Angebot an einen unbestimmten Personenkreis abgegeben wird, liegt ein realer Erklärungsakt vor, aber mehrere Willenserklärungen im Rechtssinne. Man könnte die Erklärungen als bedingte Erklärungen auslegen: Jedes Angebot steht unter der auflösenden Bedingung, dass schon vorher ein Vertrag abgeschlossen wurde. Dass eine solche Bedingung nicht ausdrücklich im Annoncetext enthalten ist, spielt keine Rolle, weil bei der Auslegung einer Willenserklärung nicht am buchstäblichen Sinne zu haften ist.

Man soll nicht Wortklauberei betreiben, sondern überlegen, welchen Willen der Erklärende zum Ausdruck bringen wollte. Aber auch die Auslegung mit der auflösenden Bedingung entspricht nicht dem Willen eines Wohnungssuchenden. Er will nicht, dass bereits mit der ersten Zuschrift ein Vertrag zustandekommt, vielmehr will er Angebote sichten und dann entscheiden, welche Wohnung er auswählt. Also liegt kein Angebot vor, sondern eine invitatio ad offerendum.

2. Der übersandte Vertrag des H

Die Übersendung des Vertrags könnte aber ein Angebot sein, das später von S angenommen wurde.

Bedenken, die Übersendung des Vertragsformulars schon als Angebot zu werten, bestehen deshalb, weil das Formular nicht ausgefüllt war und H das Formular nicht unterzeichnet hatte. Das Mietobjekt und der Preis waren nur in dem Begleitschreiben des H enthalten.

a) Das unausgefüllte Vertragsformular

Wenn man Bedenken äußert, muss man diese rechtlich verankern. Es gibt keine Bedenken an sich, es können nur Zweifel auftreten, ob ein Rechtssatz anzuwenden ist[1]. Ein Angebot muss grundsätzlich so beschaffen sein, dass durch einfache Zustimmung ein Vertrag zustandekommen kann. Deshalb müssen die wesentlichen Vertragsleistungen bestimmt sein. Bei einem Mietvertrag sind der Mietpreis und das Mietobjekt zu nennen. Aber dies ist nur eine Regel. Die Parteien sind nicht gehindert, beim gegenseitigen Vertrag auf die einverständliche Bestimmung des Preises zu verzichten, um einer Partei ein Bestimmungsrecht einzuräumen. Das Gesetz enthält sogar in § 316 BGB eine Ergänzungsregel für den Fall, dass die Parteien den Um-

---

1 Deshalb sollte in einem Gutachten nicht geschrieben werden »fraglich ist, ob ...«, wenn nicht deutlich gemacht wird, weshalb der angesprochene Punkt problematisch sein kann und weshalb es auf ihn ankommt.

fang der für eine Leistung versprochenen Gegenleistung nicht bestimmt haben. Im bürgerlichen Recht herrscht der Grundsatz der Privatautonomie. Maßgeblich ist deshalb, was die Parteien erklärt haben.

Nur wenn aufgrund der Erklärung selbst bei Zustimmung des anderen Teils kein Vertrag zustandekommen kann, weil unklar ist, was der Regelungsgegenstand sein soll, liegt kein Angebot vor.

Dass im Vertragsformular die wesentlichen Leistungen nicht genannt waren, könnte hier deshalb unschädlich sein, weil sich Mietobjekt und Mietpreis aus dem Begleitschreiben ergaben. Ein Vertrag kann in der Weise geschlossen werden, dass der eine Teil den anderen ermächtigt, das Vertragsformular auszufüllen oder er kann die Erwartung zum Ausdruck bringen, dass der andere ausdrücklich oder konkludent sein Einverständnis damit erklärt, dass er selbst die Vertragsurkunde nach ihrer Unterzeichnung vervollständigt. Ob einer dieser Fälle vorliegt, ist allein eine Frage der Auslegung, bei der alle Umstände zu berücksichtigen sind.

Der Umstand, dass das Formular nicht ausgefüllt war, spricht nicht dagegen, von einem Angebot des H auszugehen.

b) Fehlende Unterschrift

Von Bedeutung ist, dass der Vertrag von H nicht unterzeichnet war. Offenbar wollte H einen schriftlichen Vertrag abschließen. Der schriftliche Vertrag ist abgeschlossen, wenn auch H die Urkunde unterzeichnet. Mietverträge sind zwar formfrei, sofern sie nicht für eine längere Zeit als ein Jahr abgeschlossen werden (§ 550 BGB). Auch wo das Gesetz keine Form vorsieht, können die Parteien eine Form vereinbaren. Wenn ein Vertragspartner die Unterzeichnung eines Vertragsformulars wünscht, bringt er damit zum Ausdruck, dass er auf gewillkürter Schriftform besteht. Die Unterzeichnung durch eine Vertragspartei genügt der Schriftform nicht.

Nach § 126 BGB müssen die Parteien eines Vertrags auf einer Urkunde unterschreiben, wenn nur eine Urkunde aufgenommen wird. Nach § 127 BGB gilt dies im Zweifel auch für die durch Rechtsgeschäft bestimmte Form. Für Verträge sieht § 127 BGB allerdings Erleichterungen vor. Danach genügt ein Briefwechsel über den Vertragsschluss. Dabei wird keine einheitliche Urkunde errichtet, es werden lediglich Briefe ausgetauscht, die den Antrag und die Annahme enthalten. Würde man die Regelung des § 127 BGB auf unseren Fall anwenden, könnte man einen schriftlichen Vertragsschluss mit der Überlegung begründen, der Begleitbrief sei das Angebot und die Unterschrift auf dem Vertrag sei die schriftliche Annahme. Dabei würde aber nicht berücksichtigt, dass § 127 BGB nur eine Auslegungsregel enthält. Auslegungsregeln kommen nur zur Anwendung, wenn die konkrete Auslegung nicht zu einem anderen Ergebnis führt. Wenn eine Partei eine Vertragsurkunde vorlegt, begnügt sie sich nicht mit einem Schriftwechsel, sie will vielmehr die Unterzeichnung des Vertrags. Da der Vermieter den Vertrag noch nicht unterschrieben hatte, liegt in der Übersendung des Vertrags noch kein Vertragsangebot. (Man könnte sicher mit Gründen zu einem anderen Ergebnis kommen.)

Bei der Auslegung wurden Überlegungen zur gewillkürten Schriftform angestellt. Ein kritischer Leser mag sich dabei gefragt haben, ob die Anwendung des § 127 BGB nicht ohnehin ausgeschlossen ist, weil er sich auf die gewillkürte Schriftform bezieht, bei der durch Vertrag bestimmt wird, dass Schriftform einzuhalten ist. Ob ein Vertrag vorliegt, ist aber erst zu klären. Dieser kritische Einwand ist durchaus richtig. Aber die Schriftform kann nicht nur durch eine bestehende Vereinbarung erzwungen werden, sondern auch durch eine einseitige Erklärung. So kann z. B. ein Vertragsangebot mit dem Zusatz gemacht werden, dass es nur schriftlich angenommen werden kann[2]. Hier fordert H den S auf, ein Vertragsangebot zu unterbreiten. Zugleich enthält seine Erklärung die für die Schriftformvereinbarung nötige Willenserklärung und ist insoweit als Antrag zum Abschluss der Schriftformvereinbarung zu verstehen.

3. Antrag des S

Da ein Antrag des H nicht vorliegt, sondern nur eine invitatio ad offerendum, ist zu prüfen, ob S ein Angebot unterbreitet hat. Die Unterschrift allein genügte nicht. Das Angebot ist eine Willenserklärung, die erst mit der Abgabe existent wird.

Die Abgabe der Willenserklärung ist der eigentliche Erklärungsakt. Eine Willenserklärung unter Abwesenden ist abgegeben, wenn der Erklärungakt vollendet ist und wenn sie in Richtung auf den Adressaten vom Erklärenden oder einer Hilfsperson abgeschickt wurde[3]. Von einer Abgabe kann man nur dann ausgehen, wenn das Handeln der Zimmerwirtin dem S zuzurechnen ist. Die Zurechnung setzt voraus, dass die Z von S ermächtigt wurde, den Vertrag wegzuschicken.

Die Wirtin wurde von S gebeten, den Vertrag, der auf dem Schreibtisch liegt, abzusenden. Das Problem ist nur, dass auf dem Schreibtisch zwei Verträge lagen. Bei der Lösung eines solchen Problems sollte man nicht hilfesuchend im Gedächtnis nach einem ähnlichen Fall suchen, sondern zu-

---

2 Dazu *Brehm* AT Rdnr. 528 a. E.
3 *Brehm* AT Rdnr. 158.

nächst ganz unberührt den Fall mit allgemeinen Regeln lösen. Da S gegenüber der Z eine Erklärung abgab, indem er sie beauftragte, den Vertrag wegzuschicken, liegt es nahe, die Vorschriften über Willenserklärungen heranzuziehen und nach Auslegungsgrundsätzen zu entscheiden, welche Bedeutung der Auftrag hatte. Die Auslegung muss nicht immer zu einem eindeutigen Ergebnis führen, sie kann auch ergeben, dass eine Erklärung mehrdeutig und unklar ist. So ist es hier. Es wäre willkürlich, den Auftrag des S auf einen bestimmten Vertrag zu beziehen. Nicht entscheidend ist, was S subjektiv gewollt hat, denn bei der Auslegung einer Willenserklärung kommt es auf den objektiven Erklärungsgehalt an und nicht auf die subjektive Vorstellung, die in der Erklärung keinen Ausdruck fand. Da die Erklärung des S keinen eindeutigen Inhalt hat, ist sie wie eine perplexe Willenserklärung zu behandeln, die keine Rechtswirkungen erzeugt. Daraus müsste gefolgert werden, dass die Zimmerwirtin ohne Ermächtigung gehandelt hat und die Willenserklärung von S nicht abgegeben wurde.

Ob die Ermächtigung zum Absenden einer verkörperten Erklärung eine Willenserklärung ist, wurde oben nicht begründet. Die bisherigen Überlegungen unterstellten die Anwendbarkeit der Bestimmungen über Willenserklärungen. Bevor man diese Frage vertieft, empfiehlt es sich, die in Betracht kommende Lösungsalternative durchzuspielen.

Zu denken ist an eine botenähnliche Stellung der Z. Eine unmittelbare Anwendung des § 120 BGB scheidet aus, weil die Bestimmung voraussetzt, dass eine Willenserklärung versehentlich mit falschem Inhalt beim Adressaten ankommt[4]. Hier kann man § 120 BGB aber analog anwenden. Im Interesse des Rechtsverkehrs darf die unklare Weisung an eine Hilfsperson nicht zu Lasten des Adressaten gehen.

Man könnte dieses Ergebnis durch die von der h. M. entwickelten Grundsätze über die abhandengekommene Willenserklärung[5] absichern, wonach die ohne Mitwirkung des Erklärenden in den Verkehr gelangte Erklärung die Wirkung einer Willenserklärung hat, falls der Anschein einer abgegebenen Willenserklärung in zurechenbarer Weise herbeigeführt wurde. Zu beachten ist freilich, dass in unserem Fall keine abhanden gekommene Willenserklärung vorliegt. Bei der abhanden gekommenen Willenserklärung gelangt die verkörperte Erklärung ohne Zutun des Erklärenden zum Adressaten. Aber wenn man in diesen Fällen im Interesse des Verkehrsschutzes von einer wirksamen Willenserklärung ausgeht, dann muss dies erst recht

4 Bote ist nicht, wer eine vom Aussteller unterzeichnete Urkunde überbringt, *Jauernig* § 120 Rdnr. 2.

5 *Brehm* AT Rdnr. 158.

gelten, wenn eine Hilfsperson aufgrund unklarer Weisung des Erklärenden tätig wird.

Eine Lösung, die allein auf die Grundsätze über die abhanden gekommene Willenserklärung abstellen würde, wäre unzureichend, weil die Besonderheiten des Falles nicht hinreichend berücksichtigt würden. Auch wer die Überlegungen, die zur abhanden gekommenen Willenserklärung vorgetragen werden, nicht für überzeugend hält[6], kann im vorliegenden Fall zur Wirksamkeit der Erklärung kommen.

Somit hindert der Umstand, dass Z nicht ermächtigt war, beide Verträge wegzuschicken, die Existenz der Willenserklärung nicht.

Weitere Voraussetzung für ein Angebot ist, dass der Inhalt so gestaltet ist, dass durch bloße Zustimmung ein Vertrag zustandekommen kann. Das Vertragsformular enthielt keine Angaben über das Mietobjekt und den Preis. Der Vermieter musste aber davon ausgehen, dass S stillschweigend auf das Begleitschreiben Bezug nahm.

Das Angebot ist deshalb nicht zu unbestimmt.

4. Annahme durch H

Da H seine Unterschrift auf den Vertrag setzte und S eine Kopie übersandte, nahm er den Antrag des S an. Die Willenserklärung ist die Unterschrift auf dem Vertrag. Da eine verkörperte Erklärung vorliegt, müsste eigentlich der Vertrag zugehen, § 130 Abs. 1 Satz 1 BGB, wenn man das Schriftformbegehren des H so deutet, dass eine einheitliche Urkunde hergestellt werden sollte. Zu prüfen ist aber, ob eine Übersendung der verkörperten Erklärung zu erwarten war (§ 151 Satz 1 BGB). Ein Vertrag kann nach § 151 Satz 1 BGB ohne Zugang der Annahmeerklärung zustandekommen, wenn nach der Verkehrssitte der Zugang nicht zu erwarten war. Man kann nicht davon ausgehen, dass S keinerlei Nachricht erwartete und davon ausging, es genüge eine für ihn unerkennbare Annahmehandlung des Vermieters. Aber die Verkehrssitte oder ein Verzicht auf den Zugang muss nicht zum ganzen Ausschluss des Zugangs führen. Hier ist davon auszugehen, dass S an Stelle der verkörperten Erklärung eine Nachricht über die Annahme der Vertragsofferte erhalten sollte. Dass H den Vertrag zurücksenden würde, konnte S nicht annehmen.

Ergebnis: Zwischen S und H ist ein Mietvertrag zustandegekommen.

6 Siehe *Brehm* AT Rdnr. 158 a. E.

5. Anfechtbarkeit

Da die Z eine botenähnliche Stellung hatte, ergibt sich das Anfechtungsrecht aus § 120 BGB (analog).

III. Mietvertrag zwischen S und V

1. Angebot durch den Makler?

Nach dem Sachverhalt wurde S von M eine Wohnung für 300 Euro »angeboten«. Ob darin ein Vertragsangebot zu sehen ist, hängt zunächst von der Auslegung des Sachverhalts ab. Manchmal werden im Sachverhalt bestimmte Vorgaben gemacht. Wenn es z. B. heißt »V verkauft K einen Staubsauger«, ist es kaum sinnvoll, den Vertragsschluss näher zu prüfen, wenn keine weiteren Umstände mitgeteilt sind (siehe zur Sachverhaltsvorgabe Teil 1, IV 3). Von einer Sachverhaltsvorgabe ist hier nicht auszugehen, vielmehr ist anzunehmen, dass der Ausdruck »anbieten« im umgangssprachlichen und nicht im juristischen Sinne gemeint ist. Deshalb darf man nicht einfach unterstellen, dass ein Vertragsangebot vorliegt. Das »Angebot« eines Maklers kann man nicht als Offerte zum Abschluss eines Vertrags deuten, weil Makler nur die Gelegenheit zum Abschluss des Vertrags vermitteln[7], aber nicht als Bevollmächtigte auftreten. Aus dem Sachverhalt geht nicht hervor, dass M eine andere Rolle einnahm. Vielmehr bat er S, das Vertragsformular an den Vermieter V zu senden[8].

2. Angebot des S

Eine Offerte könnte im Wegsenden des unterzeichneten Vertrags liegen. Dass S nicht selbst den Mietvertrag weggeschickt hat, ist unerheblich. Z erledigte dies für S. Die Handlung der Z ist dem S zuzurechnen. Es gelten die Überlegungen zum Antrag gegenüber H entsprechend (oben A II 3). Auch hier ist zu klären, ob das Angebot hinreichend bestimmt ist, weil das Vertragsformular keine Angaben über den Mietvertrag enthielt. Es ist anzunehmen, dass der Empfänger wusste, dass S vorher mit dem Makler das Mietobjekt besichtigt hatte. Damit war für ihn klar, welche Wohnung gemeint war.

---

7 Vgl. § 652 BGB.

8 Dieser Vorgang liegt allerdings nach dem Zugang der Willenserklärung und kann deshalb nicht ohne weiteres bei der Auslegung verwertet werden. Mit dem Zugang wird die Willenserklärung inhaltlich fixiert.

3. Annahme durch V

Nach den Überlegungen oben A II 4, die entsprechend für die Annahmeerklärung des V gelten, kam ein Vertrag zustande.

B. Gutachten

I. Mietvertrag zwischen S und H

1. Die Annonce als Offerte?

Ob in der Zeitungsanzeige die für den Vertragsschluss erforderliche Offerte gesehen werden kann, hängt von der Auslegung ab. Eine Offerte liegt vor, wenn die Anzeige so zu verstehen war, dass ein Vertrag mit dem Zugang einer Annahmeerklärung zustandekommen sollte, ohne dass sich S eine Entscheidungsbefugnis über den Vertragsschluss zurückbehalten wollte. Davon kann man nicht ausgehen. Wer als Wohnungssuchender eine Annonce aufgibt, will zunächst einmal Angebote sichten, um sich für das günstigste zu entscheiden. Die Deutung als bindendes Angebot führte zu dem Ergebnis, dass bei Zugang mehrerer Vermieterschreiben u. U. mehrere Mietverträge zustandekämen. Selbst wenn man zur Vermeidung dieses Ergebnisses die auflösende Bedingung, dass noch kein Vertrag abgeschlossen wurde, in die Erklärung hineindeuten würde, könnten ungewollte Ergebnisse nicht verhindert werden. Bei gleichzeitigem Zugang mehrerer Schreiben wäre unklar, welcher Vertrag überhaupt gelten soll. Man kann deshalb die Annonce des S nicht als Vertragsofferte auslegen.

2. Der Brief des H mit dem Vertrag

H übersandte S mit seinem Schreiben einen Vertrag[9]. Ob man dies als Angebot werten kann, ist aus zwei Gründen zweifelhaft: (a) Das Vertragsformular war nicht ausgefüllt; (b) das Vertragsformular war von H nicht unterzeichnet[10].

---

9 Grundsätzlich sollte man im Gutachten nicht die Sachverhaltsschilderung wiederholen. Aber auch das ist keine heilige Regel. Manchmal kann es zweckmäßig sein, zur Orientierung des Lesers an den Sachverhalt anzuknüpfen.

10 Wenn man die problematischen Punkte vorwegstellt, ist der Leser darüber informiert, womit sich das Gutachten auseinandersetzt. Das erleichtert das Verständnis und die Lektüre.

(a) Eine Offerte muss den Vertragsgegenstand so bestimmt bezeichnen, dass durch einfache Zustimmung ein Vertrag zustandekommen kann. Das unausgefüllte Vertragsformular war für sich betrachtet inhaltlich ganz unbestimmt. Inhaltlich unbestimmt ist die Erklärung des H dennoch nicht, weil bei ihrer Auslegung auch das Begleitschreiben zu berücksichtigen ist. In diesem waren alle erforderlichen Angaben enthalten.

(b) Dass H noch kein verbindliches Angebot machen wollte, ergibt sich jedoch daraus, dass er ein Vertragsformular übersandte, das von ihm nicht unterzeichnet war. H brachte mit der Vorlage des Vertragsformulars zum Ausdruck, dass er einen schriftlichen Vertrag abschließen will. Ein Vertrag ist bei Verwendung eines Vertragsformulars erst dann abgeschlossen, wenn beide Parteien unterzeichnet haben. Zwar genügt bei der gewillkürten Schriftform auch ein Schriftwechsel (§ 127 Abs. 2 Satz 1 BGB), aber dies ist nur eine Auslegungsregel, die nicht heranzuziehen ist, wenn die Umstände auf einen anderen Willen schließen lassen. Wer ein Vertragsformular vorlegt, will den Vertrag im Zweifel nicht durch Briefwechsel schließen, sondern durch Errichtung einer Vertragsurkunde.

Deshalb ist das Schreiben des H mit dem Vertragsformular noch keine Offerte.

3. Absenden des unterzeichneten Vertrags als Offerte des S?

Das Absenden des unterzeichneten Vertrags durch Z kann nur dann als Offerte des S gewertet werden, wenn das Handeln der Z dem S zuzurechnen ist. Das Angebot ist eine Willenserklärung, die mit der Abgabe existent wird. Abgegeben ist die empfangsbedürftige Willenserklärung, wenn sie in Richtung auf den Adressaten auf den Weg gebracht wurde. Diese Voraussetzungen sind gegeben, wenn eine Hilfsperson angewiesen wird, einen Brief zur Post zu bringen. Das Verhalten der Hilfsperson wird dem Erklärenden zugerechnet, weil er eine entsprechende Weisung erteilt hat. Zu prüfen ist deshalb, ob sich die Zurechnung mit der Weisung des S begründen lässt. S bat die Zimmerwirtin, den Brief, der auf dem Schreibtisch lag, wegzuschicken. Da sich dort zwei Briefe befanden, war unklar, welcher Brief gemeint war. Die unklare Weisung ist für sich allein keine ausreichende Grundlage für die Zurechnung des Verhaltens einer Hilfsperson. Die perplexe Weisung ist nicht anders zu beurteilen als die perplexe Willenserklärung, die auch nicht die intendierten Rechtsfolgen erzeugt.

Zu berücksichtigen ist aber, dass im Interesse des Verkehrsschutzes nicht jeder Fehler, der bei der Abgabe einer Willenserklärung unterläuft, beachtlich ist. Wird ein Bote eingeschaltet, der die Erklärung irrtümlich falsch weiterleitet, ist der Erklärende an die Erklärung gebunden, denn § 120 BGB gewährt in diesen Fällen nur ein Anfechtungsrecht. Auch im Falle des § 120 BGB ist die Willenserklärung mit dem übermittelten Inhalt nicht abgegeben. Die Z ist zwar nicht Botin, weil sie lediglich eine Urkunde zur Post bringen sollte, sie hat aber eine ähnliche Stellung. Es ist deshalb gerechtfertigt, von einer wirksamen Willenserklärung auszugehen.

Das Angebot des S war auch hinreichend bestimmt, weil H davon ausgehen musste, dass er sich auf das Begleitschreiben, in dem die Vertragsbedingungen aufgeführt waren, bezieht.

4. Annahme durch H

Dass H mit dem Angebot des S einverstanden war, ergibt sich daraus, dass er seine Unterschrift auf den Vertrag setzte und eine Kopie an S sandte. Darin liegt jedenfalls eine Annahmebetätigung, Diese ist für das Zustandekommen eines Vertrages aber nur ausnahmsweise ausreichend. Grundsätzlich muss die Erklärung zugehen. Bei Erklärungen, die der Schriftform unterworfen sind, muss die verkörperte Erklärung zugehen. Das Zusenden einer Kopie reicht nicht aus. Danach wäre die Annahmeerklärung nicht zugegangen, wenn man unterstellt, dass konkludent eine Schriftformvereinbarung abgeschlossen wurde. Zu berücksichtigen ist jedoch, dass auch Schriftformvereinbarungen auszulegen sind. Parteien können vereinbaren, dass eine empfangsbedürftige Willenserklärung ganz ohne Zugang wirksam wird (§ 151 BGB). Deshalb ist es auch zulässig, geminderte Anforderungen an den Zugang einer schriftlichen Erklärung zu vereinbaren. Davon ist hier auszugehen. S konnte nicht erwarten, dass ihm das Original der Vertragsurkunde zurückgesandt wird, aber er konnte davon ausgehen, dass er über die Annahmeerklärung benachrichtigt wird. Da eine Benachrichtigung vorliegt, ist der Vertrag durch die Annahmeerklärung des H zustandegekommen.

5. Anfechtbarkeit

Die Willenserklärung des S litt an einem Willensmangel. S wollte diese Erklärung nicht abgeben. Die Erklärung ist deshalb analog §§ 119 Abs. 1, § 120 BGB anfechtbar.

II. Mietvertrag zwischen S und V

1. Angebot durch den Makler?

Makler haben nur die Aufgabe, die Gelegenheit zum Vertragsschluss zu vermitteln, § 652 Abs. 1 BGB. Für eine abweichende Vertragsgestaltung gibt es im Sachverhalt keine Anhaltspunkte. Der Makler ist auch als Makler aufgetreten und nicht als Vertreter des V. Man kann den Makler auch nicht als Boten einordnen. Dies hätte nämlich zur Folge, dass der Vertrag durch eine Annahmeerklärung zustandekommt, ohne dass dem Auftraggeber des Maklers noch eine Entscheidungsbefugnis zustünde. Deshalb konnte S nicht davon ausgehen, dass das »Angebot« des M bereits eine Vertragsofferte sein sollte.

2. Angebot des S

Ein Angebot liegt in dem Wegsenden des unterzeichneten Vertrags. Zur Zurechnung der Handlung der Z siehe oben I 3.

Auch das an V übermittelte Vertragsformular war nicht ausgefüllt. V wusste aber,dass der Makler tätig war und er musste davon ausgehen, dass der mit dem Makler abgesprochene Vertragsinhalt Gegenstand des Angebots sein sollte. Deshalb ist das Angebot hinreichend bestimmt.

3. Annahme durch V

Für die Annahmeerklärung des V gilt das zur Annahmeerklärung des H Ausgeführte entsprechend.

Ein Vertrag kam deshalb zustande.

4. Anfechtbarkeit

S wollte den Mietvertrag mit V abschließen. Deshalb litt seine Offerte nicht an einem Willensmangel, und der Vertrag ist nicht anfechtbar.

Fall 6 [Kauf des Stellvertreters]

X schickt seine Angestellte A in ein Schreibwarengeschäft, um einen Füllfederhalter für das Büro zukaufen. A wird angewiesen, einen Füller mit weicher Feder auszusuchen, der etwa 40,– Euro kosten soll. Auf Sonderangebote mit Billigprodukten soll sich A nicht einlassen. A lässt sich im Geschäft des V verschiedene Füllfederhalter zeigen, die sie ausprobiert. Sie wählt einen aus, der genau den Vorstellungen des X entspricht. V verpackt versehentlich einen Füller, den A als Billigprodukt beiseite gelegt hatte. Er übergibt A den falschen Federhalter gegen Bezahlung von 40,– Euro. Beim Auspacken entdecken A und X das Versehen. Beim Erwerb des Füllers gab A nicht zu erkennen, dass sie von X geschickt wurde.

X will wissen,
1. *ob er Eigentümer eines Füllfederhalters geworden ist;*
2. *ob ihm Ansprüche gegen den Verkäufer zustehen.*

A. Vorüberlegungen

I. Eigentumserwerb des X

Gegenstand eines Gutachtens muss nicht immer das Bestehen eines Anspruchs sein, auch wenn manche schulmeisterliche Anleitung zur Falllösung den gegenteiligen Eindruck erweckt. Wo nach dem Eigentumserwerb gefragt ist, kann keine Anspruchsgrundlage Ausgangspunkt der Überlegungen sein, sondern ein Erwerbstatbestand. Eigentum an beweglichen Sachen wird nach dem Grundtatbestand des § 929 Satz 1 BGB durch Einigung und Übergabe erworben. Dabei ist der Spezialitätsgrundsatz des Sachenrechts[1] zu beachten: Ein Übereignungstatbestand bezieht sich immer auf eine bestimmte Sache. Dies wird sich in der Gliederung des Gutachtens niederschlagen, wenn zu prüfen ist, welche Sache erworben wurde.

Da X beim Erwerb seine Angestellte A eingeschaltet hat, ist zu überlegen, ob A mit Wirkung für X handeln konnte. Bei der Zurechnung einer Hilfsperson ist zunächst zu prüfen, welcher Kategorie das Handeln der Hilfsperson zuzuordnen ist.

1 Der Spezialitätsgrundsatz gilt für alle Verfügungen; deshalb wird er im Allgemeinen Teil erörtert, vgl. *Brehm* AT Rdnr. 112.

Rechtlich relevante Handlungen werden eingeteilt in Realakte und Willenserklärungen[2]. Für Willenserklärungen gibt es eigene Zurechnungsgrundsätze, die man nicht einfach auf Realakte übertragen darf. Beim rechtsgeschäftlichen Handeln kann eine Hilfsperson Stellvertreter oder Bote sein. Die Unterscheidung der unterschiedlichen Rechtshandlungen ist beim Tatbestand des § 929 Satz 1 BGB deshalb von Bedeutung, weil er sich aus rechtsgeschäftlichem Handeln und tatsächlichem Handeln zusammensetzt. Die Einigung ist ein Vertrag, während es sich bei der Übergabe um Realakte der Beteiligten handelt[3].

1. Die Einigung nach § 929 Satz 1 BGB

a) Handeln als Stellvertreter

Eine Einigungserklärung wurde von A abgegeben. Sie ist nach dem Sachverhalt nicht als Stellvertreterin aufgetreten. Dies würde nämlich voraussetzen, dass sie in fremdem Namen gehandelt hat. Nach dem Offenkundigkeitsgrundsatz, der das Stellvertretungsrecht beherrscht, muss der Vertreter für den Vertragspartner deutlich machen, dass er die Rechtsfolgen des Rechtsgeschäfts nicht für sich selbst will, sondern für den Vertretenen. Nach diesem Grundsatz könnte A nicht als Vertreterin eingeordnet werden[4], weil sie nicht zu erkennen gab, dass sie von X geschickt wurde. In Lehre und Rechtsprechung ist eine Ausnahme vom Offenkundigkeitsgrundsatz anerkannt, das sog. Geschäft für den, den es angeht[5]. Es handelt sich dabei um einen Fall der Stellvertretung, welcher die Besonderheit aufweist, dass der Vertreter nicht zu erkennen gibt, dass er für einen anderen handelt. Die Ausnahme wird nur dort anerkannt, wo dem Vertragschließenden die Person seines Vertragspartners gleichgültig ist, wie bei Bargeschäften des täglichen Lebens. Die Übereignung und der Kauf eines Füllfederhalters gegen Barzahlung gehören zu den Bargeschäften des täglichen Lebens[6]. Dem Verkäufer ist es regelmäßig gleichgültig, wer den Füller erwerben will. Die Grundsätze der Stellvertretung sind daher auf die Einigung (nicht auf die Übergabe) anwendbar, obwohl der Offenkundigkeits-

2 *Brehm* AT Rdnr. 91, 92.

3 Siehe das Beispiel »Besitzdiener« *Brehm* AT Rdnr. 100.

4 Auch Bote ist die A nicht, weil auch ein Erklärungsbote deutlich machen muss, dass die Willenserklärung, die er überbringt, nicht seine eigene ist.

5 *Brehm* AT Rdnr. 445.

6 Bei der Übereignung ist es strenggenommen unrichtig, von »Bargeschäft« zu reden, weil die Übereignung ein abstrakter Verfügungstatbestand ist. Dennoch wird die Formel vom Bargeschäft des täglichen Lebens üblicherweise auch auf die Übereignung bezogen.

grundsatz verletzt ist. Ob A wirklich Stellvertreterin war, steht damit noch nicht fest. Denkbar ist auch, dass sie als Botin gehandelt hat. Die Abgrenzung wird üblicherweise danach vorgenommen, wie jemand auftritt[7]. Die Frage ist, ob man diese Abgrenzungsmethode auch beim Geschäft für den, den es angeht, heranziehen kann. Wo man eine Ausnahme von einem allgemeinen Grundsatz zulässt, muss man alle Regeln, die auf ihn bezogen sind, daraufhin überprüfen, ob sie auf die Ausnahme unverändert übertragen werden können. Wenn bei der Abgrenzung des Boten vom Stellvertreter auf das äußere Auftreten abgestellt wird, werden Auslegungsgrundsätze herangezogen. Die Besonderheit beim Geschäft für den, den es angeht, besteht aber darin, dass Fremdwirkung des rechtsgeschäftlichen Handelns eintreten soll, obwohl dies objektiv nicht erklärt wurde. Dennoch kann man auf das äußere Auftreten abstellen.

Bei der Abgrenzung des Boten vom Stellvertreter ist nämlich zu klären, ob eine eigene Willenserklärung abgegeben wurde. Bei der Stellvertretung und beim Eigengeschäft gibt der Erklärende eine eigene Willenserklärung ab, während der Bote zu erkennen gibt, dass er nur eine fremde Willenserklärung überbringt. Im Sachverhalt deutet nichts darauf hin, dass A nur eine fremde Willenserklärung überbringen wollte. Sie ist deshalb als Stellvertreterin einzuordnen.

Im Gutachten sollte man ausführlicher auf die Abgrenzung zwischen Boten und Stellvertreter nur eingehen, wenn der Sachverhalt dazu Anlass gibt. Außerdem darf die Abgrenzung nicht isoliert als Problem aufgeworfen werden. Bei den Vorüberlegungen ist es richtig, die Hilfsperson einzuordnen, um das gefundene Ergebnis bei der weiteren Lösung zugrundezulegen. Wenn man im Gutachten die Frage aufwirft, ob eine Person Stellvertreter oder Bote war, muss man von vornherein deutlich machen, weshalb es auf diese Unterscheidung ankommen kann.

Ein wesentlicher Unterschied besteht darin, dass bei der Auslegung darauf abzustellen ist, wie der Stellvertreter die Willenserklärung des Vertragspartners verstehen musste. Beim Boten ist dagegen auf den Horizont des Auftraggebers abzustellen.

b) Einigungserklärung

Schon die Fallfrage deutet an, dass nicht nur zweifelhaft ist, ob X überhaupt Eigentümer geworden ist, unklar ist auch, welchen Gegenstand er erworben hat. Deshalb ist zunächst genau zu prüfen, worauf sich die Eini-

---

7 *Brehm* AT Rdnr. 439.

gungserklärung bezogen hat. Einig waren sich A und der Verkäufer zunächst darüber, dass A den ausgewählten Füller bekommen soll. Bei der Übergabe wurde aber für einen objektiven Betrachter konkludent erklärt, dass das Eigentum an dem versehentlich verpackten Füller übergehen soll. Die Frage ist aber, ob eine objektive Bestimmung des Erklärungsinhalts hier richtig ist. Wenn die Parteien von einem bestimmten Inhalt der Erklärung ausgehen, dann spielt es keine Rolle, wie der Gegenstand bezeichnet wurde. Maßgeblich ist das, was beide Parteien subjektiv gemeint haben (falsa demonstratio non nocet)[8]. Es liegt in diesen Fällen auch keine perplexe Willenserklärung vor, die sich durch Widersprüchlichkeit auszeichnet und deshalb keine Wirkung entfalten kann.

A und der Verkäufer waren sich somit einig, dass das Eigentum an dem von A ausgewählten Füller übergehen soll. Da A Stellvertreterin war, wurden die Rechtsfolgen des dinglichen Vertrags aufgrund der Vollmacht, die erteilt wurde, auf den Vertretenen X verlagert. Der dingliche Vertrag (§ 929 BGB) kam zwischen dem Verkäufer und X zustande.

Eine Einigung über den Erwerb des Eigentums an dem versehentlich eingepackten Füller liegt nicht vor. Selbst wenn sie vorläge, wäre sie unwirksam. Zum Erwerb des Billigprodukts war A nicht bevollmächtigt. Deshalb könnte eine Einigungserklärung nicht nach § 164 BGB für X wirken.

2. Übergabe nach § 929 Satz 1 BGB

Der unmittelbare Erwerb des Eigentums an dem ausgewählten Füller setzt voraus, dass der Tatbestand des § 929 Satz 1 BGB in der Person des X verwirklicht ist. Das bedeutet, dass die Übergabe an ihn erfolgt sein muss.

Übergabe bedeutet die Übertragung der tatsächlichen Sachherrschaft. Der Verkäufer übergab der Angestellten A einen Füller. Sie war Besitzdienerin, so dass ihr Besitzerwerb dem X zuzurechnen ist (§ 855 BGB). Die Sache wird so angesehen, als sei an X übergeben worden. Dennoch konnte X kein Eigentum erwerben. Bei dem übergebenen Füllfederhalter liegt nur die Übergabe vor, aber keine Einigung. Hinsichtlich des richtigen Kaufgegenstandes liegt zwar eine dingliche Einigung vor, aber es fehlt die Übergabe.

3. Ergebnis

X hat an keinem Füller Eigentum erworben.

---

8 *Brehm* AT Rdnr. 408.

II. Ansprüche des X gegen den Verkäufer

X kann einen Anspruch nach § 433 Abs. 1 BGB geltend machen. Der Kaufvertrag ist nach den Grundsätzen des Geschäfts für den, den es angeht, zwischen ihm und dem Verkäufer zustandegekommen. Eine Beschränkung dieser Grundsätze auf das dingliche Geschäft wird überwiegend abgelehnt[9].

Erfüllt ist der Anspruch auf Übereignung und Übergabe nur teilweise. Die Übergabe fehlt ganz. Der Übereignungstatbestand ist teilweise verwirklicht: Die Einigung liegt vor, aber es fehlt an der Übergabe der Sache.

B. Gutachten

I. Eigentumserwerb des X

1. Eigentum an dem von A ausgewählten Füller

a) Einigung

X hat Eigentum an dem ausgewählten Füller erworben, wenn er sich mit V geeinigt hat und eine Übergabe stattfand (§ 929 Satz 1 BGB).

Einig über den Eigentumswechsel waren sich V und A[10]. Dass später ein falscher Füller verpackt und übergeben wurde, spielt keine Rolle, weil die Einigung der Übergabe vorausgehen kann. Die von A erklärte Einigung erzeugt für X nur dann Rechtsfolgen, wenn A als Stellvertreterin für ihn handeln konnte und gehandelt hat (§ 164 Abs. 1 BGB).

Nach dem Sachverhalt ist A in eigenem Namen aufgetreten, denn sie machte nicht deutlich, dass sie von X geschickt wurde. Ausnahmsweise wird das Handeln eines Vertreters, der seine Vertretereigenschaft nicht offenbart, als ausreichend angesehen, wenn ein Bargeschäft des täglichen Lebens vorliegt, bei dem es dem Geschäftspartner gleichgültig ist, mit wem er kontrahiert. Die dingliche Einigung als Teil des Verfügungstatbestandes ist naturgemäß kein Bargeschäft, weil Zahlungsmodalitäten wegen des Ab-

9 Anders *Pawlowski* AT Rdnr. 643 in Fn. 16.

10 Sehr gut vertretbar ist die Annahme, der ganze Übereignungstatbestand (also auch die Einigungserklärung) erfolge beim Bargeschäft mit der Übergabe, die mit der Zahlung verbunden ist. Dann wäre das vorher erklärte Einverständnis allenfalls für den Kaufvertrag relevant. Für die Verlagerung der Einigungserklärung auf den Zeitpunkt der Übergabe kann man ein Sicherungsbedürfnis des Verkäufers nicht anführen, weil er sein Eigentum erst mit der Übergabe verliert.

straktionsgrundsatzes nicht zum Bestandteil der Verfügung gemacht werden können. Die h. M., welche das Geschäft für den, den es angeht, anerkennt, bezieht diese Ausnahme vom Offenkundigkeitsgrundsatz in erster Linie auf Verfügungsgeschäfte. Die im Kausalgeschäft vereinbarte Barzahlung ist ein Indiz dafür, dass es dem Vertragspartner nicht darauf ankommt, an wen er übereignet.

A war bevollmächtigt, somit wirkte die Einigung über den Erwerb des Eigentums an dem ausgewählten Füller für X.

b) Übergabe

Übergeben wurde nicht der Füller, auf den sich die Einigung bezog. Deshalb ist der Tatbestand des § 929 Satz 1 BGB hinsichtlich dieser Sache nur teilweise verwirklicht und X hat kein Eigentum erworben.

2. Eigentum an dem übergebenen Füller nach § 929 Satz 1 BGB

Wenn in einem Geschäft eine Sache erworben wird, erklären die Beteiligten bei der Übergabe konkludent, dass das Eigentum auf den Erwerber übergehen soll. Diese objektive Auslegung der Erklärungen ist aber nach dem Grundsatz »falsa demonstratio non nocet« nicht erheblich, wenn beide Parteien übereinstimmend (subjektiv) von einer anderen Bedeutung der Erklärungen ausgegangen sind. Maßgeblich ist bei einer Falschbezeichnung allein das, was die Parteien übereinstimmend gewollt haben. Für V und A war mit der Übergabe des verpackten Füllers die konkludente Erklärung verbunden, dass der von A ausgewählte Füller übereignet werden soll, sofern sie überhaupt noch einen Anlass sahen, erneut eine Einigung zu erklären. Maßgeblich ist die Vorstellung der A, denn beim Handeln eines Stellvertreters kommt es auf dessen subjektive Vorstellung an, nicht auf die des Vertretenen. Deshalb liegt hinsichtlich des übergebenen Füllers keine Einigung vor, und X ist nicht Eigentümer geworden.

II. Ansprüche des X gegen den Verkäufer

X kann nach § 433 Abs. 1 BGB Übereignung und Übergabe des von A ausgewählten Füllers verlangen. Nach den Grundsätzen des Geschäfts für den, den es angeht, ist zwischen X und V ein Kaufvertrag über diesen Füller zustandegekommen. Die Durchbrechung des Offenkundigkeitsgrundsatzes ist nicht nur bei dinglichen Geschäften gerechtfertigt, sondern auch bei Schuldverträgen.

Erfüllung ist nicht eingetreten, solange X nicht Besitzer und Eigentümer ist. Da die Einigung schon vorliegt, richtet sich der Anspruch auf die Übergabe des Füllers.

Fall 7 [Der finanzschwache Mieter]

M, der bei V eine Wohnung für monatlich 1.000,– Euro gemietet hat, gerät in finanzielle Not und kann deshalb seine Miete nur noch unregelmäßig zahlen. Der Zahlungsrückstand beträgt inzwischen 2.000,– Euro. V bespricht die Angelegenheit mit seiner Ehefrau F, die als Juristin rechtliche Angelegenheiten für ihn regelt. Sie schlägt vor, mit M eine Vereinbarung zu treffen, wonach diesem die Hälfte der Schulden erlassen wird, wenn bis zum Monatsende 1.000,– Euro bezahlt sind. V findet diesen Vorschlag vernünftig, weil er sich von einer Klage mit anschließender Vollstreckung gegen M nicht viel verspricht. F verhandelt mit M und schließt folgende Vereinbarung:

»Herr M zahlt an Herrn V bis zum Monatsende 1.000,– Euro. Dafür werden ihm rückständige Mietschulden in Höhe von 1.000,– Euro erlassen. Diese Vereinbarung bedarf der Zustimmung des Herrn V.«

Wenige Tage später erklärt V gegenüber seiner Frau, er habe es sich doch anders überlegt; er wolle M die Schuld nicht erlassen. Er tritt die Forderung gegen M in Höhe von 2.000,– Euro an seine Bank ab. Am Monatsende begegnet er M, der ihm 1.000,– Euro bar mit den Worten aushändigt: »Geht es so in Ordnung?« V erwidert »selbstverständlich«.

Hat die Bank eine Forderung erworben und in welcher Höhe?

***Bearbeitervermerk:** Es ist davon auszugehen, dass M Kenntnis von der Abtretung erlangt hat.*

A. Vorüberlegungen

I. Die Abtretung

Durch die Abtretung hat die Bank eine Forderung gegen den Mieter M erworben (§ 398 BGB). Die Zustimmung oder Benachrichtigung des Schuldners ist nicht Wirksamkeitsvoraussetzung der Abtretung. Unklar ist nur, in welcher Höhe die Forderung bestand. V konnte das Recht nur so abtreten, wie es bestand. Die Höhe der Forderung hängt davon ab, ob zwischen V und M ein wirksamer Erlassvertrag zustandegekommen ist. Durch den Erlassvertrag erlischt das Schuldverhältnis (§ 397 Abs. 1 BGB). Selbstverständlich muss der Erlass nicht die ganze Forderung erfassen; er kann sich auch auf einen bestimmten Forderungsteil beziehen.

II. Erlassvertrag (Auslegungsspielraum)

Ob in der Vereinbarung zwischen F und M ein Erlassvertrag zu sehen ist, hängt von der Auslegung ab. F und M erzielten zwar Einigkeit darüber, dass M Mietschulden in Höhe von 1.000,– Euro erlassen werden, aber es wurde der Satz hinzugefügt: »Diese Vereinbarung bedarf der Zustimmung des V«. Bei der Auslegung dieser Klausel empfiehlt es sich, zunächst einmal alle denkbaren Auslegungsalternativen mit den jeweiligen Konsequenzen zu ermitteln, um daraus die Variante auszuwählen, die am ehesten das trifft, was die Parteien gemeint haben.

1. Vertragsentwurf

Zunächst könnte man daran denken, dass mit dem Zustimmungsvorbehalt zum Ausdruck gebracht werden sollte, dass die F selbst keinen Vertrag schließen, sondern den Inhalt der Vereinbarung nur aushandeln wollte. Die spätere Zustimmung des V, die in der Vereinbarung erwähnt ist, wäre dann die Annahme eines von M unterbreiteten Vertragsangebots[1]. Würde man die Klausel so deuten, dann läge ein Vertrag tatbestandsmäßig nicht vor. Die fehlende Zustimmung führte nicht zur schwebenden Unwirksamkeit eines Vertrags. Eine ausdrückliche Annahmeerklärung des V liegt nicht vor. Allenfalls in der Entgegennahme der 1.000,– Euro mit der Bemerkung »selbstverständlich« könnte die Annahmeerklärung gesehen werden. Dann wäre aber der Erlassvertrag nach der Abtretung abgeschlossen worden. Der Erlassvertrag ist eine Verfügung, die Verfügungsmacht voraussetzt[2]. Verfügungsbefugt ist der jeweilige Rechtsinhaber. Durch die Abtretung wurde die Bank Forderungsinhaberin, somit konnte V nach der Abtretung keinen wirksamen Erlassvertrag mehr schließen. Da M nach dem Bearbeitervermerk Kenntnis von der Abtretung hatte, konnte ein Erlass auch nicht nach § 407 Abs. 1 BGB wirksam werden.

2. Bedingtes Rechtsgeschäft

Es ist sicher vertretbar, im Rahmen der Auslegung anzunehmen, dass die Vereinbarung zwischen M und F nicht nur ein Vertragsentwurf sein sollte, sondern ein vollendeter Erlassvertrag, den F im Namen des V abgeschlossen hat. Der Zustimmungsvorbehalt könnte als aufschiebende Bedingung

1 Auch wenn unklar ist, ob eine Erklärung als rechtsgeschäftliche Erklärung gemeint ist, sind die Grundsätze der Auslegung heranzuziehen.

2 Vgl. *Brehm* AT Rdnr. 111.

gedeutet werden. Von der Vollmacht, die F erteilt wurde, ist diese Vertragsgestaltung erfasst. Streitig ist, ob eine aufschiebende Wollensbedingung anzuerkennen ist[3]. Bei der Wollensbedingung sollen die Wirkungen eines Rechtsgeschäfts nur eintreten, wenn die vertragschließende Partei später erklärt, dass die Rechtsfolgen gewollt sind. Die Vereinbarung einer Wollensbedingung kann Zweifel am Rechtsbindungswillen begründen. Die Frage ist hier nicht weiter zu vertiefen, weil keine Wollensbedingung vorliegt. Vertragschließende Partei ist nicht V, dessen Zustimmung erforderlich ist, sondern F, die eine eigene Willenserklärung abgibt, wenn sie als Stellvertreterin handelt. Geht man von einer Bedingung aus, ist klärungsbedürftig, wem gegenüber die Zustimmung erklärt werden musste. Eine direkte Anwendung des § 182 Abs. 1 BGB kommt nicht in Betracht, weil die §§ 182 ff. BGB voraussetzen, dass die Zustimmung kraft Gesetzes erforderlich ist[4]. Zu denken ist an eine analoge Anwendung, wobei die Regel des § 182 Abs. 1 BGB als dispositive Regel oder Ergänzungsregel gedeutet werden müsste. Näher liegt es, im Wege der ergänzenden Vertragsauslegung anzunehmen, die Zustimmungserklärung müsse gegenüber M erfolgen, weil er ein Interesse daran hat, über die Entscheidung des V informiert zu werden. Dann ist die Erklärung des V gegenüber seiner Frau keine wirksame Verweigerung der Genehmigung, weil die Erklärung nicht zugegangen ist. Maßgeblich ist die Erklärung, die gegenüber M selbst abgegeben wurde, als dieser die 1.000,– Euro zahlte. V erwiderte auf die Frage des M, ob es so in Ordnung gehe, »selbstverständlich«. Das musste von M als Zustimmung zu der mit F geschlossenen Vereinbarung aufgefasst werden. Wählt man diesen Lösungsweg, traten die vereinbarten Rechtsfolgen (Erlass) mit der Erklärung des V in Kraft. Die zwischenzeitliche Verfügung durch Abtretung konnte die Wirksamkeit des Erlasses nicht beeinträchtigen. Zwischenverfügungen werden mit Eintritt der Bedingung nach § 161 Abs. 1 BGB unwirksam; siehe aber unten IV.

3. Vertretung ohne Vertretungsmacht, Ermächtigung

Die Zustimmung, von der die Wirksamkeit des Vertrags abhängen sollte, lässt sich auch als Zustimmung i. S. der §§ 182 ff. BGB deuten. Zustimmungsbedürftig war der Vertrag, wenn die F von ihrer Vertretungsmacht keinen Gebrauch gemacht hat und als Vertreterin ohne Vertretungsmacht gehandelt hat (§ 177 Abs. 1 BGB) oder wenn sie im eigenen Namen als

---

3 Dazu *Brehm* AT Rdnr. 389.

4 Gegen die h. M. *W. Lüke* JuS 1992, 116.

Nichtberechtigte eine Verfügung getroffen (§ 185 Abs. 2 Satz 1 Fall 1 BGB) und dabei von einer Einwilligung des V keinen Gebrauch gemacht hat.

Der Erlassvertrag ist eine Verfügung und unterfällt § 185 BGB. Eine nachträgliche Zustimmung könnte in der Entgegennahme der Zahlung gesehen werden. Zu beachten ist aber, dass V schon vorher gegenüber seiner Frau erklärt hatte, dass er seinen Sinn geändert hat und dem M die Schuld nicht erlassen will. Diese Erklärung müsste als Verweigerung der Genehmigung gedeutet werden. Anders als eine Annahmeerklärung oder eine Zustimmung bei Vereinbarung einer aufschiebenden Bedingung konnte die Genehmigung bzw. Verweigerung der Genehmigung nicht nur dem Vertragspartner gegenüber erklärt werden, sondern auch gegenüber der F. Das ergibt sich aus § 182 Abs. 1 BGB. Ganz ähnlich ist die Rechtslage, wenn F als Stellvertreterin gehandelt hat. Der Vertrag, den der Vertreter ohne Vertretungsmacht abschließt, ist schwebend unwirksam (§ 177 Abs. 1 BGB). Er wird wirksam, wenn der Vertretene den Vertrag genehmigt. Auch auf diese Genehmigung findet § 182 Abs. 1 BGB Anwendung. Die Frage ist aber, ob die Regeln über den Vertreter ohne Vertretungsmacht überhaupt Anwendung finden, weil F ermächtigt war, einen Erlassvertrag zu schließen[5]. Voraussetzung für die Fremdwirkung des Handelns des Stellvertreters ist nicht nur die Vertretungsbefugnis. Der Stellvertreter muss von seiner Vollmacht auch Gebrauch machen.

Das bedeutet, dass auch ein bevollmächtigter Stellvertreter als falsus procurator handeln kann. Berücksichtigt man diese Handlungsmöglichkeit, liegt es nahe, den Genehmigungsvorbehalt als Hinweis darauf zu deuten, dass die F den Vertrag zwar als Stellvertreterin abschließen, aber von ihrer Vertretungsmacht keinen Gebrauch machen wollte, um ihrem Mann die Entscheidung über das Rechtsgeschäft vorzubehalten. Aber es lässt sich auch ein anderes Ergebnis vertreten.

Vor allem das Handeln des Ermächtigten, der offenlegt, dass er über ein fremdes Recht verfügt, ist nur schwer vom Handeln des Stellvertreters abzugrenzen. Auch bei Annahme einer Verfügung im eigenen Namen über das fremde Recht müsste man annehmen, dass F von der Ermächtigung keinen Gebrauch gemacht hat.

Da V gegenüber seiner Frau die Genehmigung verweigerte, ist der schwebend unwirksame Vertrag endgültig unwirksam geworden.

5 Diese Bedenken gelten selbstverständlich auch gegen die Anwendung des § 185 Abs. 2 BGB.

III. Bedeutung der Entgegennahme der Zahlung

Die Entgegennahme der Zahlung, bei der V zum Ausdruck brachte, es gehe in Ordnung, ist ebenfalls ein auslegungsfähiger Vorgang. Man könnte darin eine Genehmigung sehen oder den Abschluss eines Erlassvertrags. V konnte nicht davon ausgehen, dass M den Antrag zum Abschluss eines Erlassvertrags machen wollte, als er die Frage stellte, ob es so in Ordnung gehe. Seine Erklärung war auf den vorausgehenden Vertrag bezogen, der unter dem Genehmigungsvorbehalt stand. Man darf hier nicht einfach unterstellen, M habe gewusst, dass V seine Genehmigung bereits verweigert hatte. Deshalb musste V, auf dessen Verständnismöglichkeit es ankommt, die Bemerkung des M auf den Genehmigungsvorbehalt beziehen. Grundsätzlich ist ein Rechtsgeschäft, das bereits endgültig nichtig geworden ist, weil die Genehmigung verweigert wurde, nicht mehr genehmigungsfähig. Etwas anderes gilt dann, wenn man in der Bemerkung des M »Geht es so in Ordnung?« eine Aufforderung zur Genehmigung sieht. Durch die Aufforderung zur Genehmigung wird eine bereits erklärte Verweigerung der Genehmigung unwirksam. Die Genehmigung kann nur noch gegenüber dem Vertragspartner erfolgen (§ 177 Abs. 2 BGB). Die Anwendung des § 177 Abs. 2 BGB führt aber nicht zur Wirksamkeit des Erlassvertrags, weil die Forderung inzwischen abgetreten wurde. Eine Genehmigung wirkt zwar nach § 184 Abs. 1 BGB auf den Zeitpunkt der Vornahme des Rechtsgeschäfts zurück. Aber nach § 184 Abs. 2 BGB werden Verfügungen nicht unwirksam, die vor der Genehmigung von dem Genehmigenden getroffen wurden. Die Abtretung hat danach Vorrang.

Auch wenn man die Erklärungen der Parteien anlässlich der Zahlung als neuen Erlassvertrag deuten würde, stünde die vorangegangene Abtretung der Wirksamkeit der Vereinbarung entgegen.

IV. Zur bedingten Verfügung

Konstruktiv kommt man zur Wirksamkeit des Erlasses nur durch Annahme einer bedingten Verfügung wegen § 161 Abs. 1 BGB. Bei der bedingten Verfügung hat der Verfügende seine Verfügungsmacht insoweit verloren, als er keine weitere Verfügung, die der ersten widerspricht, vornehmen kann. Beim Prioritätsgrundsatz, nach dem jeweils die frühere Verfügung der späteren vorgeht, wird auf die bedingte Verfügung abgestellt. Anders ist die Rechtslage nach § 184 Abs. 2 BGB zu beurteilen. Die spätere Genehmigung wird wie eine Verfügung behandelt, die der zwischenzeitlich getätigten Verfügung nachfolgt. Die unterschiedliche Regelung ist damit zu erklären, dass bei der Genehmigung noch eine Entscheidung getroffen wird, während im Normalfall eines bedingten Rechtsgeschäfts der Eintritt der Rechtsfolge nur noch abhängig ist vom Eintritt des zur Bedingung erhobenen Ereignisses. Wenn aber eine Bedingung so beschaffen ist, dass noch eine Entscheidung über die Rechtsfolge möglich ist, muss die Wertung des § 184 Abs. 2 BGB beachtet werden. Der Verfügende darf nicht in die Lage versetzt werden, durch seine spätere »Genehmigung« eine zuvor getroffene Verfügung zu vereiteln. Methodisch ist dieses Ergebnis durch eine teleologische Reduktion des § 161 Abs. 1 BGB zu erreichen.

V. Bestimmtheit der Verfügung

Verfügungen sind nur wirksam, wenn der Gegenstand der Verfügung hinreichend bestimmt bezeichnet ist. Bei der Forderungsabtretung war die Forderung eindeutig bestimmt. Es sollte die gesamte Forderung in Höhe von 2.000,– Euro an die Bank abgetreten werden.

Beim Erlassvertrag ist nicht von vornherein eindeutig, welcher Forderungsteil oder welche Forderung gemeint ist. Eine bestimmte Bezeichnung des Verfügungsgegenstandes setzt voraus, dass der Betrag von 1.000,– Euro einer Mietschuld aus einem bestimmten Monat zugeordnet werden kann. Eine solche Bezeichnung fehlt. Die fehlende Bestimmung ist unschädlich, weil die Regelung über die Tilgungsbestimmung analog anzuwenden ist (§ 366 Abs. 2 BGB).

B. Gutachten

I. Forderungserwerb der Bank in Höhe von 1.000,– Euro

Die Bank hat durch die Abtretung jedenfalls eine Forderung in Höhe von 1.000,– Euro erworben. Nach § 398 BGB wird die Forderung durch Vertrag mit dem Zessionar auf diesen übertragen. Die Anzeige an den Schuldner ist nicht Tatbestands- oder Wirksamkeitsvoraussetzung. Zweifelhaft ist nur, ob die ganze Forderung auf die Bank übergegangen ist, weil unter Umständen über weitere 1.000,– Euro ein Erlassvertrag (§ 397 BGB) abgeschlossen wurde. Durch den Erlassvertrag erlischt die Forderung ganz oder teilweise.

II. Der Erlassvertrag

1. Der Tatbestand des Vertrags

Ob die zwischen F und M ausgehandelte »Vereinbarung« als Erlassvertrag (§ 397 BGB) zu werten ist, ist deshalb zweifelhaft, weil ausdrücklich bestimmt wurde, die Vereinbarung bedürfe der Zustimmung des V. Ein solcher Zustimmungsvorbehalt kann die Bedeutung haben, dass ein Rechtsgeschäft noch gar nicht abgeschlossen werden soll und die ausgehandelte Regelung lediglich einen Vertragsentwurf darstellt. Obwohl es um die Frage geht, ob überhaupt eine rechtsgeschäftliche Regelung getroffen wurde, ist durch Auslegung zu bestimmen, was mit dem Zustimmungsvorbehalt gemeint war.

Gegen die Annahme eines Vertragsentwurfs spricht, dass die F als Stellvertreterin gehandelt hat. Der Vertrag, den der Stellvertreter abschließt, bedarf der Zustimmung des Vertretenen. Die F war von ihrem Mann bevollmächtigt, einen Erlassvertrag zu schließen, aber ein von ihr abgeschlossener Vertrag bedurfte dennoch der Genehmigung nach § 177 Abs. 1 BGB, wenn sie von ihrer Vollmacht keinen Gebrauch gemacht hat. Ob sie von der Vollmacht Gebrauch gemacht hat, hängt vom Inhalt ihrer Erklärung ab. Der Hinweis auf die erforderliche Zustimmung des V ist so zu verstehen, dass sie zwar als Stellvertreterin handeln wollte, aber nicht als Bevollmächtigte.

Der Hinweis auf die erforderliche Zustimmung rechtfertigt deshalb nicht die Annahme, es sei noch kein Vertrag geschlossen worden. Die Vereinbarung war kein Vertragsentwurf, sondern ein schwebend unwirksamer Vertrag (§ 177 Abs. 1 BGB).

2. Genehmigung

Der Vertrag ist nur dann wirksam geworden, wenn er von V genehmigt wurde.

Als M am Monatsende 1.000,– Euro bezahlte, richtete er an V die Frage, ob es so in Ordnung gehe. Darauf erwiderte dieser »selbstverständlich«. In dieser Erklärung könnte eine Genehmigung gesehen werden. Voraussetzung für das Wirksamwerden des Vertrags ist allerdings, dass der Vertrag noch genehmigungsfähig war.

Genehmigungsfähig ist nur der schwebend unwirksame Vertrag. Wenn V zuvor die Genehmigung verweigert hatte, wurde der Vertrag nichtig. V erklärte gegenüber seiner Frau, er habe es sich anders überlegt. Darin ist eine Verweigerung der Genehmigung zu sehen. Die Verweigerung der Genehmigung konnte nach § 182 Abs. 2 BGB auch gegenüber der F erteilt werden.

Dass die Erklärung auch gegenüber dem Vertreter abgegeben werden kann, ergibt sich im Übrigen aus § 177 Abs. 2 BGB.

Eine Genehmigung konnte dennoch wirksam erteilt werden, wenn die Verweigerung der Genehmigung unwirksam geworden ist. Nach § 177 Abs. 2 BGB wird die Genehmigung oder die Verweigerung der Genehmigung unwirksam, wenn der Vertretene von dem Geschäftspartner aufgefordert wird, sich über die Genehmigung zu erklären. Die Frage des M, ob es so in Ordnung gehe, kann als Aufforderung im Sinne des § 177 Abs. 2 BGB ausgelegt werden. Somit konnte der schwebend unwirksame Erlassvertrag genehmigt werden.

3. Verfügungsbefugnis

Der Erlassvertrag ist nur wirksam, wenn den Parteien die Verfügungsbefugnis zusteht. M war als Schuldner befugt, einen Erlassvertrag zu schließen. Die Verfügungsbefugnis des V ist deshalb zweifelhaft, weil er seine Forderung an die Bank abgetreten hat. Wirksam ist der Erlass nur dann, wenn er der Abtretung vorausgeht. Nach dem Prioritätsgrundsatz kann die spätere Verfügung die frühere grundsätzlich nicht beeinträchtigen. Der Erlassvertrag wurde vor der Abtretung geschlossen, aber die erforderliche Genehmigung wurde nach der Abtretung erteilt. Auf welchen Zeitpunkt abzustellen ist, ergibt sich aus § 184 BGB. Danach wirkt die Genehmigung auf den Zeitpunkt der Vornahme des Rechtsgeschäfts zurück. Trotz dieser Rückwirkung werden Verfügungen nicht unwirksam, die vor der Genehmigung über den Gegenstand des Rechtsgeschäfts geschlossen wurden (§ 184 Abs. 2 BGB). Danach konnte die Genehmigung des Erlasses die Abtretung nicht beeinträchtigen. Die Bank hat somit die Forderung in voller Höhe erworben. (Da M Kenntnis von der Abtretung hatte, wurde der Erlass auch nicht nach § 407 BGB wirksam.)

4. Keine Wirksamkeit nach § 161 Abs. 1 BGB

Zu einem anderen Ergebnis führte auch nicht die Auslegung des Zustimmungsvorbehalts als Bedingung[6]. Zwar werden Verfügungen, die vor Eintritt der Bedingung getroffen wurden, unwirksam, wenn die Bedingung ein-

6 Das ist eine Hilfsbegründung, die den Zweck hat, das Ergebnis der Hauptbegründung abzusichern. In der Regel sind solche Hilfsbegründungen überflüssig. Angezeigt sind sie, wenn man darlegen kann, dass das Ergebnis nicht von einer nicht absolut zwingenden Weichenstellung oder Prämisse in der Hauptbegründung abhängt. Bei der Hilfsbegründung sollte man nicht den Eindruck erwecken, dass bisherige Ergebnisse wieder in Frage gestellt werden.

tritt (§ 161 Abs. 1 BGB). Bei der Bedingung hängt die Wirksamkeit des Rechtsgeschäfts typischerweise von dem Eintritt eines ungewissen Ereignisses ab, auf das die Parteien keinen unmittelbaren Einfluss haben. Damit ist es zu erklären, dass bei der Bedingung eine andere Regelung getroffen wurde als bei der Genehmigung. § 184 Abs. 2 BGB liegt der Gedanke zugrunde, es dürfe nicht von der Willkür des Genehmigenden abhängen, ob zwischenzeitlich vorgenommene Verfügungen wirksam sind. Dies muss aber auch gelten, wenn der erklärte Wille einer Person zur Bedingung erhoben wird. Der Rechtsgedanke des § 184 Abs. 2 BGB zwingt zu einer teleologischen Reduktion des § 161 Abs. 1 BGB.

Fall 8 [Der Kauf des Fernrohrs]

Die städtische Bühne in Freiburg benötigt für die Aufführung des Stücks »Das Leben des Galilei« von Berthold Brecht ein altes Fernrohr. Bühnenmeister M weiß, dass T über ein passendes Exemplar verfügt. Er schickt T einen kurzen Brief mit dem Text »Kaufe für das Freiburger Theater Ihr Fernrohr zum Preis von 500,– Euro.« T, der gerade im Begriff ist, auf eine Messe zu fahren, steckt den Brief ungeöffnet ein. Inzwischen wird der Bühnenmeister darauf hingewiesen, dass das Fernrohr im Laden des T mit einem Preis von 400,– Euro ausgezeichnet ist. M schickt an T ein Fax, in dem er mitteilt, er könne nur 400,– Euro für das Fernrohr zahlen. Beim Eingang des Fax war T schon abgereist. Er liest den Brief des M im Hotel und teilt diesem telefonisch mit, er verkaufe gerne zu dem von M angegebenen Preis. Zu diesem Zeitpunkt war das Fax des M bereits bei T angekommen, allerdings hatte T davon keine Kenntnis. Geschäfte dieser Art wurden vom Bühnenmeister schon seit Jahren unbeanstandet abgeschlossen, ohne dass ihm eine ausdrückliche Vollmacht erteilt worden wäre.

1. *Ist ein Kaufvertrag über das Fernrohr zustandegekommen?*
2. *Besteht ein Anfechtungsrecht, wenn der Vertrag zustandegekommen ist?*

A. Vorüberlegungen

I. Die Parteien

Es ist zu prüfen, ob ein Kaufvertrag zustandegekommen ist. Hier empfiehlt es sich, zunächst die Parteien zu präzisieren, weil der Bühnenmeister nicht für sich selbst, sondern die Städtische Bühne tätig war. Aus dem Sachverhalt geht nicht hervor, in welcher Rechtsform die Städtische Bühne Freiburg betrieben wird.

Deshalb kann man nicht ohne weiteres annehmen, dass es sich um eine juristische Person handelt. Vielmehr ist davon auszugehen, dass die Stadt als Gebietskörperschaft und juristische Person des öffentlichen Rechts die Bühne betreibt und Verträge abschließt[1]. Damit ist in Grundzügen geklärt, wie ein Vertrag zustandegekommen sein kann: Zwischen dem Bühnenmeister und T muss ein Vertrag abgeschlossen worden sein, wobei der Bühnenmeister wirksam als Vertreter für die Stadt gehandelt hat (§ 164 Abs. 1 BGB).

---

1 Kommunalrechtliche Einzelheiten sollen außer Betracht bleiben.

II. Der objektive Tatbestand als Ausgangspunkt

Beim Abschluss des Kaufvertrags gab es Missverständnisse. Das sind Fehlvorstellungen, die im subjektiven Bereich angesiedelt sind. Wenn das Zustandekommen eines Vertrags zu prüfen ist, sollte man zunächst die subjektive Seite ausklammern und nur den objektiven Tatbestand der Willenserklärungen untersuchen. Nur so lässt sich die Frage klären, ob ein Vertragsschluss (Konsens) oder ein Dissens vorliegt. Mit den Ausdrücken »Konsens« und »Dissens« verbindet der Nichtjurist gerne subjektive Befindlichkeiten (sich einig sein als subjektives Erlebnis). Der Jurist setzt am Tatbestand der Willenserklärung an, die eine objektive Bedeutung hat. Entscheidend ist nicht, was der Erklärende gemeint hat, es kommt darauf an, was er erklärt hat. Der objektive Gehalt ist durch Auslegung zu ermitteln. Wenn der objektive Gehalt des Angebots mit der Annahmeerklärung korrespondiert, kam ein Vertrag zustande; wenn nach dem objektiven Gehalt der Erklärungen die Annahme keine Zustimmung zum Angebot bedeutet, liegt ein Totaldissens vor. Nur in den Fällen der unschädlichen Falschbezeichnung kommt es auf den übereinstimmenden subjektiven Willen an (falsa demonstratio non nocet). Die Prüfung des Vertragsschlusses vollzieht sich in drei Schritten: Zunächst ist der Inhalt des Angebots zu ermitteln, dann ist die Annahmeerklärung auszulegen. Schließlich ist zu prüfen, ob die Erklärungen korrespondieren oder ob die Parteien aneinander vorbeigeredet haben.

1. Angebot

Der Bühnenmeister M hat im Namen der Stadt ein Angebot zum Abschluss eines Kaufvertrags unterbreitet. Über den Inhalt dieses Angebots bestehen keine Zweifel. M wollte für 500,– Euro kaufen.

Die Erklärung ist der Stadt zuzurechnen (§ 164 Abs. 1 BGB), obwohl M keine ausdrückliche Vollmacht erteilt wurde. Nach den Grundsätzen über die Duldungsvollmacht[2] kann die Stadt nicht einwenden, M sei nicht bevollmächtigt.

---

2 Dazu *Brehm* AT Rdnr. 466. Dabei kann offen bleiben, ob es sich dabei um eine konkludente Vollmachtserteilung handelt. Eine genauere Prüfung der Duldungs- oder Anscheinsvollmacht würde voraussetzen, dass man genauer auf das Wissen oder Wissenmüssen eingeht. Dafür gibt der Sachverhalt zu wenig Anhaltspunkte. Auch wenn der Oberbürgermeister (Organ) keine Kenntnis davon hatte, dass M regelmäßig für die Stadt handelt, kann eine Duldungsvollmacht vorliegen, wenn ein Vorgesetzter des M Kenntnis hatte und diese Kenntnis der Stadt zuzurechnen ist.

Die Erklärung des M ist T zugegangen. Sie konnte nach § 130 Abs. 1 Satz 2 BGB nicht durch das nach dem Zugang des Briefs eingegangene Fax widerrufen werden. Der Widerruf eines Vertragsangebots kommt nach dessen Zugang nur dann in Betracht, wenn die Bindung ausgeschlossen wurde (§ 145 BGB). Dies setzt voraus, dass der Erklärende bei seinem Angebot deutlich gemacht hat, dass er nicht gebunden sein will (»frei bleibend«). Durch das Fax wurde deshalb das Angebot nicht wirksam widerrufen.

Die in dem Fax erhaltene Erklärung war nicht auf einen (unwirksamen) Widerruf beschränkt. Sie enthielt zugleich ein neues Angebot. Dieses neue Angebot ist nicht deshalb unwirksam, weil der Widerruf keine Wirkung entfalten konnte. Nach dem Willen des M sollte das frühere Angebot als erledigt betrachtet werden, und der Vertrag nach den neuen Bedingungen zustandekommen. Es würde nicht dem Willen des M entsprechen, nach § 139 BGB Nichtigkeit des zweiten Angebots anzunehmen, weil der damit verbundene Widerruf verspätet und damit unwirksam war.

Es liegen somit zwei Angebote vor: Ein Angebot über 500,– Euro und ein weiteres über 400,– Euro, das das erste ersetzen soll.

2. Annahmeerklärung

Eine Annahme hat T sicher erklärt, denn er hat M telefonisch mitgeteilt, er verkaufe zu dem von diesem angegebenen Preis. Die Frage ist jedoch, welchen Inhalt die Erklärung des T hatte. Wie eingangs betont, kommt es auf den objektiven Gehalt der Erklärung an; deshalb müssen die subjektiven Vorstellungen des Erklärenden ausgeblendet werden. Maßgeblich ist der »normative Empfängerhorizont«. Zu fragen ist, wie ein Adressat, der sich unter Berücksichtigung der gesamten Umstände darum bemüht, den Willen des Erklärenden herauszufinden, die Erklärung verstehen musste. Umstände, die dem Adressaten verborgen waren, können bei der Auslegung nicht herangezogen werden. Hier wusste M nicht, dass T von dem Fax mit der Preisberichtigung keine Kenntnis erlangt hat. Er musste davon ausgehen, T sei mit dem zuletzt genannten Preis (400,– Euro) einverstanden. Wenn eine Auslegung davon abhängt, welche Umstände zu berücksichtigen sind, darf nicht nur einseitig auf den Horizont des Adressaten abgestellt werden. Umstände, die der Erklärende nicht kennen kann, müssen ebenfalls außer Betracht bleiben, weil die Erklärung dem Erklärenden zurechenbar sein muss[3]. Es ist deshalb zu prüfen, ob die objektive Erklärung, für 400,– Euro verkaufen zu wollen, dem T zuzurechnen ist. Er ging von einer anderen

3 In der Entscheidung zum fehlenden Erklärungsbewusstsein (BGHZ 91, 324) stellte der BGH auf die Zurechenbarkeit ab. Dies ist aber nur die Anwendung eines allgemeinen Prinzips.

Bedeutung seiner Erklärung aus, weil er keine Kenntnis von dem Fax des M hatte. Die entscheidende Frage ist, ob der Umstand, dass T vom Zugang des Fax keine Kenntnis hatte, die Zurechnung ausschließt. Die Antwort ergibt sich aus den Grundsätzen über den Zugang einer Willenserklärung. Der Adressat einer Willenserklärung kann sich nicht darauf berufen, er habe keine Kenntnis von der Erklärung gehabt. Es genügt, wenn die Erklärung in seinen Machtbereich gelangt und er nach dem gewöhnlichen Verlauf von ihrem Inhalt Kenntnis nehmen kann. Diese Regelung (§ 130 Abs. 1 Satz 1 BGB) gilt unmittelbar nur für das Wirksamwerden der Willenserklärung. Aber § 130 Abs. 1 Satz 1 BGB enthält einen allgemeinen Grundsatz, nach dem das Risiko der Kenntnisnahme einer Erklärung beim Adressaten liegt. Das bedeutet, dass er fehlende Kenntnis nicht einwenden kann. Das gilt auch bei der Auslegung. T kann deshalb nicht einwenden, ihm sei die objektive Erklärung, mit einem Kaufpreis von 400,– Euro einverstanden zu sein, nicht zuzurechnen, weil er von dem Fax des M keine Kenntnis erlangt habe.

Die Tatsache, dass M sein Angebot zu spät widerrufen hat und noch daran gebunden war, spielt keine Rolle, weil die Parteien einvernehmlich[4] das zweite Angebot zur Grundlage des Vertragsschlusses gemacht haben.

Es ist somit ein Vertrag mit einem Kaufpreis von 400,– Euro zustandegekommen.

3. Anfechtungsrecht

Ein Anfechtungsrecht ergibt sich aus § 119 Abs. 1 Alt. 1 BGB (Inhaltsirrtum). Objektiv erklärte M, das Fernrohr für 400,– Euro zu verkaufen. Da er von dem zweiten Angebot des M keine Kenntnis hatte, bezog er seine Erklärung auf das erste Angebot, bei dem ein Kaufpreis von 500,– Euro genannt war. Er irrte sich somit über die Bedeutung seiner Erklärung. Der Irrtum berechtigt nur dann zur Anfechtung, wenn er subjektiv und objektiv erheblich ist. Subjektiv erheblich ist der Irrtum, wenn der Erklärende bei Kenntnis der Sachlage die Erklärung nicht abgegeben hätte. Bei der Abgabe der Erklärung des T lagen zwei annahmefähige Angebote des M vor, eines über 500,– Euro und ein zweites über 400,– Euro. Da M sein erstes Angebot nicht wirksam widerrufen konnte, hatte T die Wahl, welches Angebot er annehmen will. Mangels anderer Anhaltspunkte im Sachverhalt ist anzunehmen, dass er den für ihn günstigeren Vertrag abgeschlossen hätte. Das bedeutet, er hätte bei Kenntnis der Sachlage klargestellt, dass sich seine Annahmeer-

---

4 Dies darf nicht subjektiv verstanden werden. Es geht um die übereinstimmenden Erklärungen nach ihrem objektiven Gehalt.

klärung auf das erste Angebot bezieht. Er hätte dadurch eine andere Erklärung abgegeben. Daraus ergibt sich, dass sein Irrtum kausal für die Abgabe der Erklärung war.

Falsch wäre es, die Kausalität mit dem Hinweis zu leugnen, dass T das Fernrohr im Geschäft für 400,– Euro ausgezeichnet hatte und auch mit diesem Preis einverstanden gewesen wäre. Bei der Kausalitätsprüfung ist ein wirklicher Geschehensablauf mit einem hypothetischen zu vergleichen. Der Wirklichkeit kann man unterschiedliche hypothetische Geschehensabläufe gegenüberstellen. Es wird gefragt, »was wäre gewesen, wenn die Wirklichkeit in einem bestimmten Punkt anders gewesen wäre«. Bei solchen hypothetischen Betrachtungen ist es entscheidend, dass man am richtigen Punkt ansetzt. Wer darauf abstellt, dass T auch für 400,– Euro verkauft hätte, überlegt, wie T reagiert hätte, wenn M von vornherein einen Kaufpreis von 400,– Euro vorgeschlagen hätte. Darauf kommt es aber nicht an. Zu prüfen ist nach dem Wortlaut des § 119 Abs. 1 BGB, was gewesen wäre, wenn T im Zeitpunkt der Abgabe der Erklärung die Sachlage gekannt hätte.

Da der Irrtum auch objektiv erheblich ist, steht T ein Anfechtungsrecht zu.

B. Gutachten

I. Vertragsschluss zwischen der Stadt Freiburg und T

Ein Kaufvertrag ist zwischen der Stadt und T zustandegekommen, wenn M mit Vertretungsmacht als Stellvertreter der Stadt ein Angebot abgegeben hat und dieses Angebot von T uneingeschränkt angenommen wurde.

1. Angebot des M

Der Brief des M, in dem ein Preis von 500,– Euro vorgeschlagen wurde, war ein Angebot. Es wurde aber wirkungslos, wenn es rechtzeitig widerrufen wurde. Eine Widerrufserklärung enthielt das Fax, in dem M einen niedrigeren Preis vorschlug[5].

Ein wirksamer Widerruf nach § 130 Abs. 1 Satz 2 BGB scheidet aus, weil der Widerruf nur wirksam wird, wenn die Widerrufserklärung vorher oder gleichzeitig mit der Erklärung zugeht. Ein wirksamer Widerruf kann auch

---

5 Wie immer ist zu unterscheiden, ob eine Erklärung vorliegt und ob diese wirksam ist.

nicht auf die Erwägung gestützt werden, das Angebot sei noch kein vollständiges Rechtsgeschäft, sondern nur ein Bestandteil des Vertrags, deshalb scheide eine Bindung aus. Nach § 145 BGB ist der Antrag bindend, sofern die Gebundenheit nicht ausgeschlossen ist. Da M die Bindung nicht ausgeschlossen hatte, war er an das Angebot gebunden. Daraus ergibt sich, dass T das ursprüngliche Angebot noch annehmen konnte.

Ein Angebot liegt auch in dem berichtigenden Fax. Es enthält das Angebot zum Abschluss eines Kaufvertrags mit einem Kaufpreis von 400,– Euro.

Die Erklärungen wirken für und gegen die Stadt Freiburg als Betreiberin der Bühne, wenn M namens der Stadt gehandelt hat und wenn er Vertretungsmacht hatte (§ 164 Abs. 1 BGB). M bestellte das Fernrohr namens der Städtischen Bühne. Das schließt nicht aus, dass er namens der Stadt gehandelt hat. Nach einer in der Rechtsprechung anerkannten Auslegungsregel sind betriebsbezogene Geschäfte auf den Inhaber des Geschäfts zu beziehen[6]. Diese Auslegungsregel kann auch hier angewandt werden, auch wenn es sich bei einem städtischen Theater nicht um einen Gewerbebetrieb handelt. Dass M nicht ausdrücklich bevollmächtigt war, spielt keine Rolle. Da M bisher unbeanstandet Geschäfte für das Theater geschlossen hat, wurde sein Handeln geduldet. Da eine Duldungsvollmacht vorliegt, kann die Stadt nicht einwenden, M sei nicht vertretungsbefugt. Es liegt zumindest eine Anscheinsvollmacht[7] vor, die voraussetzt, dass der Geschäftsherr bei gehöriger Sorgfalt erkennen konnte, dass der Vertreter (regelmäßig) als Vertreter auftritt.

2. Annahmeerklärung des T

Die telefonische Mitteilung, zu dem von M mitgeteilten Preis verkaufen zu wollen, stellt eine Annahmeerklärung dar. Da zwei annahmefähige Angebote des M vorliegen, ist zu prüfen, auf welches sich die Annahme bezieht. Maßgeblich ist die Erklärung des T, die auszulegen ist. Da es sich um eine empfangsbedürftige Willenserklärung handelt, ist der normative Empfängerhorizont maßgebend. M wusste nicht, dass T keine Kenntnis von dem zweiten Angebot hatte. Er durfte die Annahmeerklärung deshalb auf das zuletzt unterbreitete Angebot beziehen. Dagegen kann T nicht einwenden, eine Erklärung mit diesem Inhalt sei ihm nicht zuzurechnen, weil er keinerlei Kenntnis von dem Fax hatte. Der Grundsatz, dass der Adressat einer

---

6 Dazu *Brehm* AT Rdnr. 444.

7 *Brehm* AT Rdnr. 467. Zur Frage, ob diese Figur auf das Handelsrecht zu beschränken ist, Rdnr. 468. Das Problem ist in einer ausführlichen Lösung anzusprechen. In einer Übungsklausur kann man dazu keine tieferen Ausführungen erwarten.

Willenserklärung das Risiko der Kenntnisnahme trägt (§ 130 Abs. 1 Satz 1 BGB), ist auch bei der Auslegung zu berücksichtigen.

Es ist somit ein Kaufvertrag mit einem Kaufpreis in Höhe von 400,– Euro zustandegekommen.

II. Anfechtbarkeit nach § 119 Abs. 1 BGB

T kann seine Erklärung nach § 119 Abs. 1 Alt. 1 BGB anfechten, wenn ein Inhaltsirrtum vorliegt und wenn anzunehmen ist, dass er bei Kenntnis der Sachlage und bei verständiger Würdigung des Falles die Erklärung nicht abgegeben haben würde.

Ein Inhaltsirrtum liegt dann vor, wenn der Erklärende eine falsche Vorstellung von der objektiven Bedeutung der Erklärung hat. Da T von dem Fax keine Kenntnis hatte, meinte er, einen Vertrag mit einem Kaufpreis in Höhe von 500,– Euro abzuschließen. Die Auslegung, die am normativen Empfängerhorizont ausgerichtet ist, ergibt aber einen anderen Inhalt (siehe oben), nämlich die Annahme des zweiten Angebots. Es liegt somit ein Inhaltsirrtum vor.

Das Anfechtungsrecht besteht nur, wenn der Irrtum auch subjektiv erheblich ist. Das bedeutet, dass T eine Erklärung mit diesem Inhalt bei Kenntnis der Sachlage nicht abgegeben hätte. Wenn T gewusst hätte, dass die bloße Zustimmung als Einverständnis mit einem Kaufpreis von 400,– Euro gewertet würde, hätte er klargestellt, dass er das erste Angebot annehmen will. Dieses Angebot war noch annahmefähig und für M bindend. Es gab für T keinen Grund, das für ihn weniger günstige Angebot anzunehmen. Also war der Irrtum kausal.

Der Irrtum ist auch objektiv erheblich (verständige Würdigung des Falles). Dass T ein möglichst günstiges Geschäft abschließen will, entspringt keinen »subjektiven Launen und törichten Anschauungen«[8].

T kann den Vertrag somit anfechten.

---

8 So die Formulierung in RGZ 62, 206.

Fall 9 [Die undankbaren Golfer]

V ist Präsident des Golfclubs Wiesental e.V. Nach der Satzung des Clubs besteht der Vorstand aus dem Präsidenten, dessen Vertretungsbefugnis in der Satzung nicht näher geregelt ist. V will dem Club ein ihm gehörendes Grundstück zur Erweiterung des Golfplatzes schenken. Er schließt beim Notar einen ordnungsgemäßen notariellen Vertrag, in dem er sich verpflichtet, das Grundstück an den Club zu übereignen. Einen Monat später begibt sich V zum Notar, um die Auflassung zu erklären. Nach Vorlage der Auflassung wird der Verein im Grundbuch als Eigentümer eingetragen.

Bei der nächsten Mitgliederversammlung steht die Neuwahl des Präsidenten an. V kandidiert, wird aber nicht wiedergewählt. Die Mitglieder werfen ihm vor, er habe durch seine Grundstücksschenkung die Wahl beeinflussen wollen. Sie fassen den Beschluss »Die Mitgliederversammlung missbilligt die Grundstücksschenkung.« V ist darüber verärgert, dass ihm unredliche Motive unterstellt werden. Er vertritt deshalb nun gegenüber dem Club den Standpunkt, Schenkung und Übereignung des Grundstücks seien unwirksam.

1. *Ist der Club Eigentümer des Grundstücks geworden?*
2. *Wie wäre der Fall zu beurteilen, wenn das Grundstück im Wert von 200.000,– Euro von V nicht verschenkt, sondern für 10.000,– Euro verkauft worden wäre?*

Bearbeitungshinweis für Anfänger: *Die Übereignung eines Grundstücks erfolgt durch Auflassung (Einigung) und Eintragung (§§ 873, 925 BGB).*

A. Vorüberlegung

I. Eigentum am Grundstück

1. Trennung von Verpflichtung und Übereignung

Gefragt ist danach, ob der Club Eigentümer des Grundstücks geworden ist. Die Übereignung vollzieht sich bei einem Grundstück durch Einigung und Eintragung (§ 873 Abs. 1 BGB). Als Verfügungsgeschäft ist die Grundstücksübereignung von der zugrundeliegenden Verpflichtung zu trennen, und ihre Wirksamkeit hängt nicht davon ab, ob ein Verpflichtungsgrund bestand (Trennungs- und Abstraktionsgrundsatz). V hat zwei Rechtsgeschäfte getätigt: Zunächst war er beim Notar, um einen Vertrag abzuschließen, durch den die Verpflichtung zur Übereignung des Grundstücks begründet werden sollte. Dieses Verpflichtungsgeschäft ist für die dingliche Rechtslage zunächst unerheblich, weil der Vertrag nur die Verpflichtung zur Übereignung zum Gegenstand hatte, nicht aber die Übereignung selbst. Einen Monat später erklärte V beim Notar die für die Übereignung erforderliche Auflassung (§ 925 Abs. 1 Satz 1 BGB). Da der Club im Grundbuch eingetragen wurde, konnte der Eigentumserwerb nur daran scheitern, dass die Auflassung nicht wirksam erklärt wurde.

2. Die dingliche Einigung (Auflassung)

Die Einigung nach §§ 873 Abs. 1, 925 Abs. 1 Satz 1 BGB ist ein Vertrag, auf den grundsätzlich die Bestimmungen des Allgemeinen Teils Anwendung finden. Er muss nach dem Wortlaut des § 873 Abs. 1 BGB zwischen Veräußerer und Erwerber abgeschlossen werden. Veräußerer ist V, Erwerber sollte der Golfclub sein.

Der Verein als juristische Person handelt durch seinen Vorstand, der die Stellung eines gesetzlichen Vertreters hat (§ 26 Abs. 2 BGB). Willenserklärungen, die der Vorstand abgibt, werden dem Verein nach § 164 Abs. 1 BGB zugerechnet, wenn der Vorstand innerhalb der ihm eingeräumten Vertretungsmacht gehandelt hat.

Der Umfang der Vertretungsmacht ergibt sich beim eingetragenen Verein aus der Satzung (§ 26 Abs. 2 BGB). Nach dem Sachverhalt enthielt die Satzung keine Regelung der Vertretungsbefugnis. Wenn die Satzung keine Einschränkung enthält, ist die Vertretungsbefugnis des Vorstandes nicht beschränkt. Ausgenommen sind allenfalls Geschäfte, die offensichtlich nichts mit dem Vereinszweck zu tun haben[1]. Grundsätzlich war der Erwerb eines Grundstücks vom Umfang der Vertretungsmacht erfasst. Wenn der Umfang der Vertretungsmacht geprüft wird, ist nicht nur auf die Satzung abzustellen; Beschränkungen können sich auch aus allgemeinen Vorschriften des Vertretungsrechts ergeben. Sie sind auf den Vereinsvorstand anzuwenden, da dieser die Stellung eines gesetzlichen Vertreters hat (§ 26 Abs. 2 BGB). Hier ist zu prüfen, ob der Vertragsschluss mit dem Verbot des Selbstkontrahierens zu vereinbaren ist. Nach § 181 BGB kann ein Vertreter im Namen des Vertretenen mit sich im eigenen Namen ein Rechtsgeschäft nicht vornehmen. Von diesem Grundsatz gibt es zwei Ausnahmen: Die Vertretungsmacht ist nicht beschränkt wenn (1) das Selbstkontrahieren vom Vertretenen gestattet war oder (2) wenn das Rechtsgeschäft ausschließlich in der Erfüllung einer Verbindlichkeit besteht. Handelt der Vertreter entgegen dem

---

1 *Jauernig*, BGB, 13. Aufl., 2009, § 26 Rdnr. 3.

»Verbot«[2] des § 181 BGB, wird er als Vertreter ohne Vertretungsmacht behandelt. Ein von ihm abgeschlossener Vertrag ist schwebend unwirksam (§ 177 Abs. 1 BGB).

Bei der Auflassung handelte V als Veräußerer im eigenen Namen; zugleich trat er für den Verein als Vertreter auf. Damit ist der Tatbestand des § 181 BGB erfüllt. Gleichwohl kann das Rechtsgeschäft wirksam sein, wenn eine der oben genannten Ausnahmen vom »Verbot« des Selbstkontrahierens vorliegt.

Gestattet war das Selbstkontrahieren nicht. Bei der juristischen Person muss die Befreiung von der Beschränkung des § 181 BGB aus der Satzung hervorgehen oder es muss eine Gestattung durch das Bestellungsorgan (Mitgliederversammlung) vorliegen. Da die Satzung keine nähere Regelung über die Vertretungsbefugnis des Clubpräsidenten enthält, ist das Selbstkontrahieren von dessen Vertretungsmacht nicht gedeckt. Auch eine Gestattung (Einwilligung) oder Genehmigung[3] durch die Mitgliederversammlung liegt nicht vor[4]. Die Mitgliederversammlung brachte in einem Beschluss sogar zum Ausdruck, dass sie den Vertrag missbilligt.

Zu prüfen ist, ob die zweite Ausnahme vorliegt: Der Vertreter darf ein Rechtsgeschäft mit sich selbst abschließen, wenn das Rechtsgeschäft ausschließlich in der Erfüllung einer Verbindlichkeit besteht. Vor der Auflassung hatte V beim Notar einen Vertrag geschlossen, durch den er verpflichtet wurde, das Eigentum an dem Grundstück auf den Verein zu übertragen. Wenn dieser Vertrag wirksam ist, ist jedenfalls dem Wortlaut nach der Ausnahmetatbestand (»in der Erfüllung einer Verbindlichkeit«) erfüllt. Die Auflassung hatte allein den rechtlichen Zweck, die zuvor begründete Verpflichtung zur Übereignung des Grundstücks zu erfüllen. Zu beachten ist jedoch, dass V bei der Begründung der Verpflichtung ebenfalls im eigenen Namen und zugleich als Vertreter aufgetreten ist. Der Wirksamkeit des Verpflichtungsgeschäfts steht deshalb der Wortlaut des § 181 BGB entgegen. Ohne korrigierende Auslegung der Norm (dazu unten) lässt sich die Wirksamkeit des Geschäfts nicht damit begründen, dass in Erfüllung einer Verbindlichkeit gehandelt wurde, weil die Verbindlichkeit wirksam begründet sein muss[5]. Bei formaler Anwendung des § 181 BGB käme man zu dem Ergebnis, dass die Verpflichtung wegen § 181 BGB nicht wirksam war.

---

2 § 181 BGB ist keine Verbotsnorm, vielmehr wird die Wirksamkeit des Vertreterhandelns geregelt.

3 Nachträgliche Zustimmung, vgl. die Legaldefinition in § 184 BGB.

4 Nach der Neuwahl könnte der neue Vorstand genehmigen. Genehmigt wird nach § 177 BGB das Rechtsgeschäft.

5 BGH FamRZ 1961, 475.

Auf die Frage, ob Verpflichtungs- und Verfügungsgeschäft im Rahmen des § 181 BGB isoliert zu betrachten sind, oder ob eine »Gesamtschau« anzustellen ist[6], kommt es nicht an.

Zur Wirksamkeit der Übereignung (Auflassung) kommt man nur, wenn man das Verbot des § 181 BGB vom Zweck der Norm her beschränkt. Die Beschränkung der Vertretungsmacht bezweckt in erster Linie, eine Gefährdung des Vertretenen durch Interessenkollisionen zu verhindern. Bei einem Geschäft, das dem Vertretenen von vornherein nur rechtliche Vorteile bringen kann, besteht diese Gefahr nicht. Die Anwendung des § 181 BGB würde den Normzweck verfehlen. Nicht entscheidend ist allerdings, ob im konkreten Fall tatsächlich eine Interessenkollision bestand. Wäre die Wirksamkeit des Rechtsgeschäfts davon abhängig, würde die Rechtssicherheit unangemessen beeinträchtigt, weil die Feststellung der Interessenkollision von einer Einzelfallbetrachtung abhängt. Das Gesetz hat im Interesse der Rechtssicherheit die Beschränkung der Vertretungsmacht an die formale Voraussetzung geknüpft, dass eine Person auf beiden Seiten eines Rechtsgeschäfts als Handelnder auftritt. Dem formalen Charakter der Norm trägt die h. M. dadurch Rechnung, dass sie darauf abstellt, ob das Geschäft nur mit einem rechtlichen Vorteil verbunden ist[7]. Diese Prüfung ist auch bei § 107 BGB anzustellen. Nach der Wertung des Gesetzes ist die Prüfung des Inhalts des Rechtsgeschäfts und dessen unmittelbare Folgen mit dem Verkehrsschutz vereinbar. Im Ergebnis wendet die h. M. § 181 BGB in bestimmten Fällen nicht an, obwohl sie unter den Tatbestand der Norm subsumierbar wären. Die Beschränkung des Anwendungsbereichs einer Norm auf die Fälle, die ihrem Zweck entsprechen, nennt man teleologische Reduktion.

Mit der Auflassung ist der Erwerb des Grundeigentums verbunden. Zwar zieht der Eigentumserwerb auch Nachteile mit sich (Steuern usw.), aber sie bleiben als nur mittelbare Folgen des Rechtsgeschäfts außer Betracht. Somit ist § 181 BGB nicht anzuwenden und V konnte den Verein bei der Auflassung vertreten.

Da eine wirksame Auflassung vorliegt und der Verein in das Grundbuch eingetragen wurde, ist das Eigentum auf den Golfclub übergegangen.

---

6 Sie wird vom BGH vorgenommen; vgl. BGHZ 78, 30.

7 *Brehm* AT Rdnr. 479.

II. Frage 2

Im Ausgangsfall liegt ein Schenkungsversprechen mit anschließender Erfüllung vor. Bei Frage 2 wurde das Grundstück zu dem überaus günstigen Preis in Höhe von 10.000,– Euro verkauft. Bei der Frage, ob ein rechtlicher Vorteil mit dem Geschäft verbunden ist, ist nicht der wirtschaftliche Erfolg des Geschäfts maßgeblich. Entscheidend ist, ob ein »rechtlicher Nachteil« mit dem Geschäft verbunden ist. Durch die Auflassung erwirbt der Verein nur Eigentum. Das Rechtsgeschäft ist als Verfügungsgeschäft nicht mit Verpflichtungen verbunden. Ein rechtlicher Nachteil war nur mit dem vorangegangenen Kaufvertrag verbunden.

Nach dem Vertrag sollte gegen den Verein ein Forderungsrecht in Höhe von 10.000,– Euro begründet werden. Das ist ein rechtlicher Nachteil. Da es auf den rechtlichen Nachteil ankommt, spielt es keine Rolle, dass für den Verein zugleich ein Anspruch auf Erwerb eines Grundstücks entsteht, dessen Wert die zu erbringende Leistung weit übersteigt. Im Interesse der Verkehrssicherheit ist formal darauf abzustellen, ob irgendein rechtlicher Nachteil mit dem Geschäft verbunden ist. Für die Frage des Eigentumserwerbs kommt es aber nur auf das Verfügungsgeschäft an. Deshalb hat der Verein auch hier Eigentum erworben.

Da das Verpflichtungsgeschäft wegen § 181 BGB unwirksam war, erfolgte die Leistung aber ohne Rechtsgrund. Deshalb kann V die Rückübereignung des Grundstücks nach § 812 BGB verlangen.

B. Gutachten

I. Frage 1

Der Verein ist Eigentümer des Grundstücks, wenn eine wirksame Auflassung vorliegt und wenn die Eintragung erfolgt ist (§§ 873 Abs. 1, § 925 Abs. 1 Satz 1 BGB).

1. Eintragung

Die Eintragung liegt nach dem Sachverhalt vor. Ob V befugt war, den Eintragungsantrag zu stellen oder den Notar zur Stellung des Antrags zu ermächtigen, ist unerheblich. Die fehlende Befugnis, den Antrag namens des Vereins zu stellen, führt allenfalls zu einem Verfahrensfehler im Grundbuchverfahren, der die materiellen Wirkungen einer Eintragung nicht berührt.

2. Auflassung

Die Eintragung reicht allein für den Eigentumserwerb nicht aus. Nach § 873 Abs. 1 BGB wird das Eigentum an einem Grundstück durch Eintragung und Einigung (Auflassung) übertragen. Der Verein ist deshalb nur Eigentümer geworden, wenn zwischen ihm und V eine wirksame Einigung über den Eigentumswechsel erklärt wurde.

V erklärte für sich und als Präsident für den Verein die Auflassung. Eine Auflassungserklärung liegt danach vor. Sie ist aber unwirksam, wenn V den Verein nicht vertreten konnte. Nach § 181 BGB kann ein Vertreter im Namen des Vertretenen mit sich im eigenen Namen ein Rechtsgeschäft nicht vornehmen, sofern es ihm nicht gestattet ist oder das Rechtsgeschäft ausschließlich in der Erfüllung einer Verbindlichkeit besteht. V handelte bei der Auflassung als Veräußerer im eigenen Namen und zugleich als Präsident des Vereins, dessen Vertreter er war (§ 26 Abs. 2 BGB). Es liegt deshalb ein Insichgeschäft nach § 181 BGB vor.

Das Geschäft ist wirksam, wenn die Auflassung ausschließlich der Erfüllung einer Verbindlichkeit diente (§ 181 BGB). Die Auflassung hatte den Zweck, die Verpflichtung zur Übereignung des Grundstücks zu erfüllen. Diese Verpflichtung konnte nur durch den notariellen Vertrag, welcher der Auflassung vorausging, begründet werden. Für den Ausnahmetatbestand des § 181 BGB (»Erfüllung einer Verbindlichkeit«) kommt es nicht nur auf die Absicht an, eine Verbindlichkeit zu erfüllen. Eine Befreiung von der Beschränkung des § 181 BGB liegt nur dann vor, wenn die Verbindlichkeit auch bestand.

Bei der Begründung der Verbindlichkeit handelte V ebenfalls im eigenen Namen und zugleich als Vorstand des Vereins. Bei diesem Insichgeschäft sollte keine Verbindlichkeit erfüllt werden, vielmehr sollte eine Verpflichtung erst begründet werden. Nach dem Wortlaut des § 181 BGB konnte V den Verein nicht vertreten. Deshalb lässt sich die Wirksamkeit der Auflassung nicht damit begründen, V habe in Erfüllung einer Verbindlichkeit gehandelt.

Nach h. M. ist § 181 BGB nicht in allen Fällen anzuwenden, die vom Gesetzeswortlaut formal erfasst werden. Bei der Anwendung ist dem Normzweck Rechnung zu tragen. § 181 BGB soll verhindern, dass der Vertretene gefährdet wird, weil sich der Vertreter beim Insichgeschäft typischerweise in einem Interessenkonflikt befindet. Dieser Interessenwiderstreit ist generell ausgeschlossen bei Geschäften, die für den Vertretenen nur mit einem rechtlichen Vorteil verbunden sind. Die Auflassung ist danach wirksam, wenn sie für den Verein rechtlich vorteilhaft ist. Durch die Auflassung geht das Eigentum am Grundstück auf den Erwerber über, wenn dieser im

Grundbuch eingetragen wird. Der Erwerb eines Grundstücks ist rechtlich vorteilhaft. Die damit verbundenen Nachteile (Steuern, etwaige Haftung) sind nur mittelbare Nachteile, die außer acht zu lassen sind.

Nach der teleologischen Reduktion des § 181 BGB ist die von V erklärte Auflassung nicht vom Anwendungsbereich der Norm erfasst. Deshalb konnte er den Verein vertreten. Der Verein ist nach §§ 873 Abs. 1, § 925 Abs. 1 Satz 1, § 164 Abs. 1 BGB Eigentümer geworden.

II. Frage 2

An dem Ergebnis ändert sich nichts, wenn das Grundstück für 10.000,– Euro verkauft wurde. Für die Frage, ob der Verein Eigentümer geworden ist, kommt es auf das Verfügungsgeschäft an. Auch bei vorangegangenem Verkauf ist die Auflassung wirksam, weil sie für den Verein rechtlich vorteilhaft ist. Es gilt das oben Ausgeführte. Ein Unterschied zum Ausgangsfall besteht allenfalls insofern, als durch die Übereignung ein Bereicherungsanspruch des V nach § 812 Abs. 1 Satz 1 Alt. 1 BGB begründet wurde. Da das Verpflichtungsgeschäft mit einem rechtlichen Nachteil (Verpflichtung zur Zahlung von 10.000,– Euro) verbunden war, konnte V das Verpflichtungsgeschäft wegen § 181 BGB nicht wirksam vornehmen. Die Übereignung erfolgte deshalb ohne rechtlichen Grund. Dieser Bereicherungsanspruch bleibt aber bei der Beurteilung des Verfügungsgeschäfts (rechtlicher Vorteil) außer Betracht.

Fall 10 [Die bedingte Forderungsübertragung]

Gläubiger G tritt eine ihm gegen S zustehende Forderung über 1.100,– Euro an Z ab. Dabei wird vereinbart, dass die Abtretung unter der Bedingung steht, dass Z an G 1.000,– Euro zahlt. Noch ehe Z eine Zahlung an G geleistet hat, schließt G mit S einen Vertrag, wonach S statt der 1.100,– Euro 2.000 kanadische Dollar zu zahlen hat.

Da die Schuld verzinslich ist, will S möglichst bald leisten. Vor allem will er nicht abwarten, bis Z an G 1.000,– Euro bezahlt hat.

Ist dem S zu raten, Zahlung an G zu leisten?

A. Sachverhaltsskizze

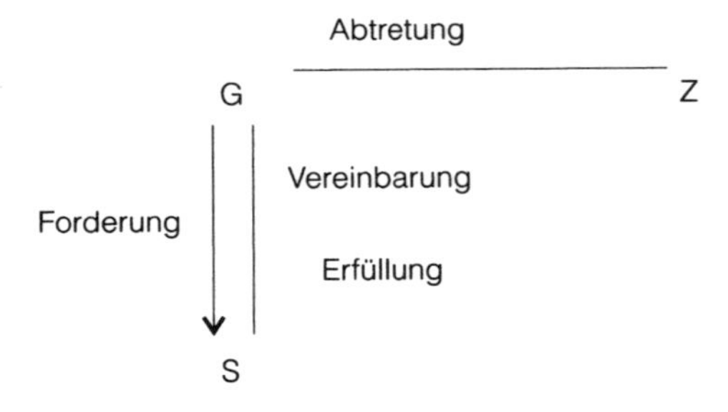

B. Vorüberlegungen

I. Leistung an G

1. Ausgangsüberlegung

Der Schuldner wird frei, wenn er die Leistung an den Gläubiger bewirkt, § 362 Abs. 1 BGB. Leistet der Schuldner an eine Person, die nicht Gläubiger ist, tritt keine Befreiung ein. Der Schuldner muss sich den Leistungsgegenstand von dem Scheingläubiger nach § 812 Abs. 1 Satz 1 Alt. 1 BGB zurückholen. Gegenüber dem wahren Gläubiger kann er sich nicht darauf berufen, dass er schon eine Leistung erbracht hat. Für die Beantwortung der Frage, ob S geraten werden kann, Zahlung an G zu leisten, kommt es darauf an, ob G noch Forderungsinhaber ist, und es ist zu prüfen, ob S seine Leistung an G im Falle des Bedingungseintritts auch Z entgegenhalten kann.

2. Inhaberschaft

Ursprünglich war G Forderungsinhaber. G hat seine Forderung auf Z übertragen. Die Übertragung der Forderung erfolgt nach § 398 BGB durch einen Vertrag zwischen Zedent (G) und Zessionar (Z). Der Abtretungsvertrag ist wie jeder Vertrag ein Rechtsgeschäft; es finden somit die allgemeinen Vorschriften über Rechtsgeschäfte Anwendung. Deshalb konnte die Abtretung unter der Bedingung vorgenommen werden, dass Z 1.000,– Euro zahlt. Es handelt sich dabei um eine aufschiebende Bedingung (§ 158 Abs. 1 BGB). Wird ein Rechtsgeschäft unter einer aufschiebenden Bedingung abgeschlossen, tritt die Wirkung (das ist die Rechtsfolge, die durch das Rechtsgeschäft in Geltung gesetzt werden soll) mit dem Eintritt der Bedingung ein. Die Bedingung ist ein künftiges ungewisses Ereignis. Ob Z den Geldbetrag an G zahlen wird, ist ungewiss. Nach § 158 Abs. 1 BGB konnte der Abtretungsvertrag seine Wirkung (Übergang der Forderung auf Z) erst in dem Zeitpunkt entfalten, in dem das ungewisse Ereignis, nämlich die Zahlung der 1.000,– Euro, erfolgt. Nach dem Sachverhalt wurde von Z bisher nichts an G bezahlt[1]. Also ist die Bedingung nicht eingetreten und die Forderung noch nicht auf Z übergegangen. Das bedeutet, dass G noch Forderungsinhaber ist. Danach könnte S derzeit noch befreiend an G bezahlen.

3. Rechtslage im Falle des Bedingungseintritts

Bei der Erkenntnis, dass G noch Forderungsinhaber ist, darf man nicht stehenbleiben. Zu prüfen ist, welche Konsequenzen ein Bedingungseintritt hätte. In der Regel ist es bei einer Falllösung nicht erforderlich, hypothetische Erwägungen anzustellen[2]. Regeln darf man aber nicht blind befolgen. Es ist selbstverständlich, dass bei der Beratung des S die Möglichkeit bedacht werden muss, dass Z später an G 1.000,– Euro zahlt und damit die Bedingung eintritt.

An den Eintritt der Bedingung war die Wirkung der Abtretung geknüpft. Man könnte daran denken, dass die Abtretung ins Leere geht, wenn S vor Bedingungseintritt mit befreiender Wirkung bezahlt, weil im Zeitpunkt des Eintritts der Bedingung gar keine Forderung mehr existiert, die auf Z übergehen könnte. Diese Überlegung berücksichtigt jedoch nicht die Regelung des § 161 Abs. 1 BGB. Danach wird im Falle der bedingten Verfügung jede

1 Das kann man aus dem Schweigen des Sachverhalts schließen.

2 Hypothetische Überlegungen können allerdings erforderlich werden, wenn ein wirklicher mit einem hypothetischen Geschehensablauf verglichen werden muss, wie bei der Prüfung, ob ein Schaden eingetreten ist.

weitere Verfügung unwirksam, wenn später die Bedingung eintritt. Würde G seine Forderung nach Abtretung an Z ein zweites Mal an X abtreten, würde dieser zwar Forderungsinhaber, aber der Forderungserwerb würde mit Eintritt der Bedingung unwirksam. Die Frage ist, ob die Leistung des Schuldners als Verfügung im Sinne des § 161 BGB anzusehen ist. Nach der heute überwiegend vertretenen Theorie der realen Leistungsbewirkung[3] ist die Erfüllung keine Verfügung über die Forderung.

Gleichwohl ist man sich darüber einig, dass die Erfüllung in mancher Hinsicht wie eine Verfügung zu behandeln ist. Auch das Gesetz verweist in § 362 Abs. 2 BGB auf § 185 BGB, der die Verfügung des Nichtberechtigten regelt. Die Leistung an eine andere Person als den Gläubiger wird danach wie die Verfügung eines Nichtberechtigten behandelt. Auch bei § 161 BGB wird die Erfüllung unter den Begriff der Verfügung gefasst[4]. Das hat zur Folge, dass die Wirkung dieser »Verfügung« mit Eintritt der Bedingung unwirksam wird. Die Wirkung der Leistung besteht in der Befreiung des Schuldners. Diese Wirkung würde wieder aufgehoben, mit der Folge, dass die Schuld ab dem Zeitpunkt, in dem die Bedingung eintritt, wieder besteht.

Folgt man dieser Ansicht, müsste dem Schuldner S von einer Zahlung an G abgeraten werden. Die h. M. hilft dem Schuldner in dieser Situation mit dem Hinterlegungsrecht nach § 372 BGB. Wenn der Schuldner aufgrund einer Ungewissheit über die Person des Gläubigers nicht oder nicht mit Sicherheit erfüllen kann, darf er hinterlegen[5]. Erfolgt die Hinterlegung unter Verzicht auf die Rücknahme, wird er frei (§ 378 BGB). In unserem Fall besteht aber nicht nur Ungewissheit darüber, ob eine Leistung an G erbracht werden kann. Auch der Leistungsinhalt könnte vom Eintritt der Bedingung beeinflusst werden.

II. Schuldinhalt

Ursprünglich hatte S 1.100,– Euro zu zahlen. Ein Schuldverhältnis kann durch Vertrag zwischen Gläubiger und Schuldner inhaltlich verändert werden (vgl. § 311 Abs. 1 BGB). Da die Abtretung mangels Bedingungseintritt noch nicht wirksam geworden ist, ist G noch Gläubiger und damit noch zuständig für eine Vereinbarung über den Inhalt der Schuld. Auch hier taucht

3 Vgl. *Schlechtriem*, Schuldrecht, Allgemeiner Teil, 4. Aufl., 2000, Rdnr. 458.

4 Vgl. schon *A. v. Tuhr*, Allgemeiner Teil des Deutschen Bürgerlichen Rechts, 1918, 2. Bd. 2. Hälfte, § 81 (S. 301): das Einziehen der Forderung durch den Gläubiger.

5 Die Hinterlegung erfolgt beim Amtsgericht. Das Verfahren ist in der HinterlegungsO geregelt.

die Frage auf, wie sich der Eintritt der Bedingung auf den inhaltsändernden Vertrag auswirkt. Da die Inhaltsänderung eine Verfügung ist, kommt § 161 Abs. 1 Satz 1 BGB zur Anwendung: Die Wirkung des Rechtsgeschäfts fällt weg, wenn Z an G 1.000,– Euro zahlt. Das bedeutet, dass S ab diesem Zeitpunkt die Schuld wieder in inländischer Währung zu begleichen hat.

Man könnte folgende Überlegung anstellen: Ein Wegfall der Rechtsfolgen des Vertrags, durch den der Schuldinhalt geändert wurde, kommt nicht mehr in Betracht, wenn die Forderung zu diesem Zeitpunkt nicht mehr besteht. Auch ein schuldändernder Vertrag, der nach Erfüllung geschlossen wird, geht ins Leere, weil der Gegenstand der Verfügung, das Schuldverhältnis, nicht mehr besteht.

Dann müsste das gleiche gelten, wenn aufgrund des § 161 Abs. 1 Satz 1 BGB die Wirkung einer Inhaltsänderung wegfällt und ab Bedingungseintritt wieder der alte Gegenstand geschuldet wird. Die Forderung erlischt durch die Hinterlegung nach § 378 BGB. Da die Rechtsfolgen bei der Bedingung nicht zurückbezogen werden, kann Z nicht einwenden, damals (vor Eintritt der Bedingung) habe S den falschen Leistungsgegenstand hinterlegt.

Diese Lösung ist aber nur dann richtig, wenn in dem Änderungsvertrag nicht zugleich ein Erlass enthalten ist. Jedenfalls dann, wenn die Leistung durch Vereinbarung der Parteien herabgesetzt wird, liegt im Abänderungsvertrag ein Erlass[6]. Der Erlass wird nach § 161 Abs. 1 Satz 1 BGB unwirksam, wenn die Bedingung eintritt. Auch bei einer Novation, bei der die alte Schuld erlassen und eine neue begründet wird, wird der Erlass nach § 161 Abs. 1 Satz 1 BGB unwirksam[7].

In unserem Fall entsprechen die 2.000 kanadischen Dollar nicht ganz der bisherigen Euro-Schuld. Soweit eine Differenz zu Lasten des Zessionars festzustellen ist, liegt ein Teilerlass vor. Dieser ist unwirksam, sodass die Restschuld, die wieder auflebt, in Euro zu zahlen ist. Wenn man prüft, ob ein Erlass vorliegt, stellt sich die Frage, welcher Umrechnungskurs maßgeblich sein soll. Kommt es auf den Zeitpunkt der Inhaltsänderung oder den Eintritt der Bedingung an?

---

6 *Larenz*, Schuldrecht I, Allgemeiner Teil, 14. Aufl., 1987, § 7 II.

7 Die Abgrenzung von der Schuldänderung wird danach vorgenommen, ob der Zweck der Leistung gleich geblieben ist; *Larenz* aaO.

C. Gutachten

I. Gläubigerschaft des G

S kann nur dann geraten werden, an G zu zahlen, wenn er dadurch endgültig frei wird. Der Schuldner wird nach § 362 Abs. 1 BGB frei, wenn er die Leistung an den Gläubiger erbringt. Ursprünglich war G Inhaber der Forderung. An seine Stelle ist Z getreten, wenn die Abtretung der Forderung an Z wirksam geworden ist. Nach dem Sachverhalt wurde die Forderung an Z abgetreten. Die Abtretung erfolgte aber unter der aufschiebenden Bedingung[8], dass Z 1.000,– Euro an G bezahlt. Aus dem Sachverhalt geht nicht hervor, dass diese Zahlung erfolgt ist.

Somit ist davon auszugehen, dass die Bedingung noch nicht eingetreten ist. Nach § 158 Abs. 1 BGB tritt die von der Bedingung abhängig gemachte Wirkung erst mit dem Eintritt der Bedingung ein. Ein Gläubigerwechsel als Wirkung der Abtretung (§ 389 BGB) fand deshalb noch nicht statt; G ist weiterhin Gläubiger.

II. Erfüllung als Verfügung?

Da G noch Gläubiger ist, wird S durch Leistung an G frei (§ 362 Abs. 1 BGB). Diese Wirkung fällt aber nach § 161 Abs. 1 Satz 1 BGB weg, wenn die Einziehung der Forderung oder die Erfüllung als Verfügung anzusehen ist. Über die Rechtsnatur der Erfüllung herrscht Streit. Während die frühere Lehre davon ausging, bei der Erfüllung sei zwischen Gläubiger und Schuldner ein Vertrag darüber erforderlich, dass die Leistung Erfüllung bewirken solle, geht die h. M. davon aus, dass die Befreiung kraft Gesetzes eintritt und eine tatsächliche Leistungshandlung genügt. Da die Theorie der realen Leistungsbewirkung überhaupt kein Rechtsgeschäft bei der Erfüllung verlangt, liegt begrifflich keine Verfügung vor. Daraus folgt allerdings nur, dass eine unmittelbare Anwendung des § 161 Abs. 1 Satz 1 BGB ausscheidet. Auch die Vertreter der Theorie der realen Leistungsbewirkung stellen die Erfüllung (bzw. Einziehung der Forderung) in Einzelfällen der Verfügung gleich. Die Wirkungen der Erfüllung sind zumindest verfügungsähnlich, weil das Schuldverhältnis erlischt. Nach § 161 Abs. 1 Satz 1 BGB soll der Erwerber bei aufschiebend bedingter Verfügung davor geschützt werden, dass der Rechtserwerb durch eine Verfügung des bisherigen Rechtsinhabers beeinträchtigt wird. Wegen der verfügungsähnlichen Wirkungen einer For-

8 Zum Begriff der Bedingung sind nähere Ausführungen hier nicht nötig.

derungseinziehung liegt es nahe, den Erfüllungsvorgang der Regelung des § 161 Abs. 1 Satz 1 BGB zu unterwerfen. Diese analoge Anwendung des § 161 Abs. 1 Satz 1 BGB setzt allerdings voraus, dass dadurch die Interessen des Schuldners nicht ungerechtfertigt beeinträchtigt werden. Dem Schuldner kann nicht zugemutet werden, eine Leistung zu erbringen, wenn die Wirkung der Leistung im Falle des Bedingungseintritts entfällt und der Zessionar berechtigt ist, die Leistung noch einmal zu fordern. Diese Folge kann nur dann hingenommen werden, wenn sich der Schuldner vor einer doppelten Inanspruchnahme schützen kann. Der Schuldner kann nach § 372 Satz 2 BGB hinterlegen, wenn er aus einem in der Person des Gläubigers liegenden Grund oder infolge einer nicht auf Fahrlässigkeit beruhenden Ungewissheit über die Person des Gläubigers seine Verbindlichkeit nicht oder nicht mit Sicherheit erfüllen kann. Die durch § 161 Abs. 1 Satz 1 BGB entstandene ungewisse Rechtslage rechtfertigt die analoge Anwendung des § 372 BGB[9]. Die Hinterlegung befreit den Schuldner, wenn er unter Verzicht auf die Rücknahme hinterlegt, § 378 BGB. Deshalb fallen auch keine weiteren Zinsen an. Da dem Schuldner mit der Hinterlegung ein Mittel in die Hand gegeben wird, Nachteile abzuwenden, ist es gerechtfertigt, die Erfüllung der Regelung des § 161 Abs. 1 Satz 1 BGB zu unterstellen[10].

Der Schuldner wird durch Hinterlegung aber nur dann frei, wenn er den geschuldeten Betrag hinterlegt. Vor Eintritt der Bedingung wird S durch Hinterlegung der kanadischen Dollar frei. Die Änderung des Schuldinhalts durch Vertrag ist eine Verfügung, die ebenfalls nach § 161 Abs. 1 Satz 1 BGB unwirksam wird, wenn die Bedingung eintritt. Aber beim Eintritt der Bedingung werden die Rechtsfolgen nicht zurückbezogen. Das bedeutet, dass Z gegen die Erfüllungswirkung einer Hinterlegung nicht einwenden kann, damals sei nicht die geschuldete Leistung erbracht worden. Es bleibt bei der Erfüllungswirkung. Soweit in der Vereinbarung über den neuen Schuldinhalt (Dollar) ein Erlass liegt, wird dieser mit Bedingungseintritt unwirksam. Ein etwaiger Restbetrag, der hier nicht ins Gewicht fällt, wäre von S in inländischer Währung zu zahlen.

Ergebnis: S kann nicht zur Zahlung an G geraten werden. Ihm ist vielmehr eine Hinterlegung anzuraten.

---

9 Eine Ungewissheit über den Gläubiger liegt strenggenommen nicht vor, weil vor Bedingungseintritt sicher ist, dass der bisherige Gläubiger Forderungsinhaber ist. Dennoch ist § 372 BGB anzuwenden. Es ist der Zweck des § 372 BGB, dem Schuldner das Risiko abzunehmen, dass sich eine Leistung als unwirksam erweist. Dieser Schutzzweck liegt bei der bedingten Verfügung vor.

10 Die Konsequenz ist allerdings, dass ein Betrag für Jahre ohne ausreichende Verzinsung bei der Hinterlegungsstelle liegt und praktisch blockiert ist.

Sachverzeichnis